學佛入門 9

佛法的知見與修行

THE DOCTRINE AND PRACTICE OF BUDDHISM

聖嚴法師——著

目錄

佛法的正知見

日常生活的修行

附錄

編案：本書主題為佛法正知見與日常修行相關文章結集，部分選文曾收錄於《我為你祝福》、《大智慧過生活》、《祈願．發願．還願》、《我願無窮——美好的晚年開示集》、《心安平安，你就是力量！》等書；其他選文則已發表於《人生》雜誌與《法鼓》雜誌，但皆未曾出版，為彌補遺珠之憾，所以將這些文稿彙編成書，以饗讀者。

佛法的正知見

學佛五示

佛法與外道

佛法的基本原則，就是戒、定、慧三無漏學，除此之外，如果說還有什麼最高的、無上的大法，都是一時方便說。

踏實的佛法觀點，不能離開戒、定、慧，從釋迦牟尼佛開始就是這個樣子。然因眾生根性的不同，有人重視戒律的受持，有人重視禪定的修持，有人重視慧學的熏聞。三無漏學，也叫作三增上學，即是戒增上、定增上、慧增上。不論重視戒，或是重視定，或者重視慧，終不可拋開另外的二種。如果重視定，而否定了戒，那就修不成正定；縱然修成定，也是外道的魔定。如果拋開了定的方法及戒的基礎而修慧，那可能是狂慧，不是踏實的正慧。戒，也有定共戒和道共戒，也就是入定之時及解脫之後，自然持戒。殺、盜、淫、妄、酒，這是基礎的五戒，如果說悟後的人，可以不守五戒，這是很奇怪的，不正確的。具備了這種基本觀點，叫作正知正見。當然，中國禪宗的祖師們不很講究呆板的戒條，也不很講究定的修持，而是特別著重於智慧的開發。可是凡得大悟的人，一定是非常清淨的人，身清淨、語清淨、心清淨，三業清淨，他才能夠真有智慧。如果說真智慧已開發，而三業不清淨，那種智慧仍是有問題的。

現在要介紹一下當今所謂的修行，以及修行的方法。

第一類，是純粹的外道，他們不用佛學名相，不用佛教經論，不用佛教觀念，是以他們自己得自神祕經驗所啟示的觀點，創立新興的信仰中心。近年來，已有不少類似的外道，從四面八方湧來臺灣，他們來自韓國、日本、印度、歐美等地。

第二類，是附佛法外道，他們藉佛法之名，用佛教的經典、名詞、方法。對一般人來講，就很難釐清它，很難將他們和佛教之間的界限劃清。

什麼人是附佛法外道呢？有的說他們是新的佛教，有的說他們是新的密教，也有的說是綜合著佛教的各宗各派，也採納著現代的科學觀點，和各宗教的優點，而組合成為一個新興的佛教教派。第二次大戰以後，在日本興起的附佛法外道，至少有十幾個到二十幾個左右。如今在亞洲及歐美地區，也有一些附佛法外道的出現，他們以西藏的密和日本的禪為骨架，結合著猶太教、伊斯蘭教、基督教、印度教等，但他們自己還承認是佛教，他們的儀典及儀服款式，多半是西藏化和日本化的，它的形象就是佛教，所以很難辨明誰是附佛法外道了。他們有的現比丘、比丘尼相，有的現大居士相，你很難想像他們是外道。

外道是什麼意思？是心外求法，是捨己而從他。那可能使諸位已經懷疑到，念阿彌陀佛算不算也變成外道了？不。阿彌陀佛是如來藏系統的思想，他還是佛教，他最終、最後還是空的，不是說阿彌陀佛是永遠實在的不變，他不是最後的神，不是最高的上帝。因為生西方的上品，仍是凡夫，而念佛法門的極致，就是唯心淨土、自性彌陀，極樂淨土，不離方寸。阿彌陀佛，不離自性；用方便說，是在西方，就實質說，就在我們自心。自心是實證空性的智慧，自性是智慧所見的空性，那不是唯一的、最後的、最高的天國和神。可是，附佛法的外道，有的既講佛，也講神，有的根本不講神。但是，他們把佛當作唯一的神，說我們從他而來，再回歸他而去。好像是說，我們從佛性來，再回到佛性去，這是有問題的，那是神教的觀點，不是佛教信仰。

對於初信佛教的人，這是很難分別的。不過，有一個原則：外道的觀點，不管講得多麼高深，最後必有最高的神，不管叫他什麼名字，他可能有形，也可能無形，但他有無限的權力，他是萬能的主宰，既是最初的，也是最後的，這就是神。佛教從緣起的觀點，否定有這樣的東西。

再講修行的方法。從修行的觀點、修行的方法，然後到達修行的目的，那是到達我的解脫。所謂我的解脫，並不是放棄小我、完成大我，也不是離開小我、進入大我，若以大我為無我，仍不是禪法，而是印度教的梵我或其他一神教的神我思想。

（一九八九年八月十四日講）

心術與心法

大家都知道，佛法即是心法，禪修叫作鍊心。可是，一般的人所了解的「心」，和佛法所講的「心」，是不太一樣的。一般人講的「心法」，實際上是「心術」而不是「心法」。「心術」就是把心的力量運用到最高點，運用念力，指揮外境，也有人叫它作神通。

可是，心法和心術這兩個名詞和內容，也有相通的地方。

一般人用的魔術或通心術，也是心術；能夠以自己的心力，指揮物體運動，指揮他人的心念、影響他人的心向。人的心力，鍊成這種作用，可以說很可怕了。

另外一種，知道人的心念，叫作他心通；聽到遠處講話，叫作天耳通；能知人的過去名為宿命通；能見遠處及預見未來名為天眼通；能夠東隱西出變化形象，名為神足通。這五種鍊神通的方法，都叫作心術。因此，在印度的瑜伽，在中國的道家，都有這種奇門遁甲之類鍊心術的方法。

至於佛教的「心法」，第一步，是檢點自己的心念，已想、將想、正想的每一個念頭都很清楚。常人的心，是不受自己控制的，即使能夠鍊到控制他人的心，他們自己也沒有辦法控制自己的心。這是什麼原因？因為跟自我中心的煩惱相應。控制人的時候，是為了自己而控制別人，與自己的利益相應，所以能夠注意力集中。當與自己的利益相衝突，心裡產生矛盾的時候，就不能控制他自己了。縱然在表面上，可能能夠控制，在內心中，仍沒有辦法控制；有可能一時間控制，卻沒有辦法經常控制。所以說「心法」的第一步是要經常了解自己在想什麼。第二步再把它們逐一放下，那便是把自我的存在、自我的價值、自我的觀念、自我的見解，漸漸放下來，放得愈多，自我中心的執著便愈輕。禪修的方法，或者是學佛的方法，就是要我們從構成自我中心的五蘊中獲得解脫。色、受、想、行、識的五蘊，是生死法、是煩惱法，是我們的身心世界。第三步，是心念的統一，過去心已經過去，未來的心還沒有出現；過去與未來既沒有，現在也就無從存在了。這就叫作心得自在，也就是五蘊無我，自在解脫。

神通有六種，前面的五種神通，是與外道相通的，可以從禪定得，也可用咒術等的方法得。第六種的漏盡通，才是不共外道的解脫境界。

現在再把心法的步驟說一遍：

第一步是使心念集中，可以用懺悔、供養、持咒、拜佛、持名、讀誦、修觀等方法。

第二步是使心念統一，這有三個層次：一是身心統一。在用功的時候，沒有感覺到身心是兩回事，身體和心是合而為一的。這個時候，沒有想到身體的存在，不會感覺到身體的負擔。二是內外統一。是指環境和身心的一致，沒有內外之分，看到的環境世界和我的身心是合而為一的。通常的外道，到了這個程度，認為他已和神合而為一，已經進入神的境界，已得解脫自在。三是前念與後念的統一。前念與後念，是在同一個念頭上一直滑過來，這也有不同程度的層次。當前念與後念完全統一的時候，就是入定，但這並不等於解脫；進入禪定，只是心暫時在同一個境界下不動而已，當定力退失或於出定之後，仍會受到環境的影響而動心。

第三步是把自我中心全部粉碎，這就是統一心的出離。統一心的最高境界，就是外道講的神我合一，這是大我的出現。佛法破我執，不管大小，全部破除，才是真正的無我，才是真正的解脫。

懺悔和發願

（一九八九年八月十五日講）

如前面所說，戒、定、慧三學是連貫的，而且是缺一不可的。可是在佛的時代，雖然多數人是從持戒習定而得解脫，但也有一類叫作慧解脫阿羅漢，他們不需要初禪、二禪、三禪、四禪等基礎禪定的工夫，也能夠得解脫。例如有些人，一聽佛說：「善來比丘！」意思是說：「哦！你來得正是時候，好，你來了，比丘啊！」馬上便能於言下證到初果，甚至於第四阿羅漢果。像這些慧解脫阿羅漢，他們無須經過三皈、五戒、比丘戒，以及習定的過程。

我們從三藏聖典中，所看到的，都非常重視戒律和禪定的修持，以戒為基礎，定為過程，慧為目標；又所謂從禪出教，從禪定的修持而產生智慧，因智慧而衍生教理，完成了阿毘達磨，出現了許多論師。論師一定是跟禪師有關係的，古來大論師多半是大禪師，他們有禪定的修持工夫，和甚深的禪定經驗。印度的龍樹、提婆、無著、世親，是論師也是禪師。中國佛教在理論發展上極有特色的是天台和華嚴，而天台的祖師，從慧文、慧思，到智顗大師，都是禪師；華嚴宗從初祖杜順到五祖宗密，都稱作禪師。

在佛陀的時候，既有不少慧解脫阿羅漢，在中國，也有不重視次第禪定的祖師，他們重視直下頓悟的智慧，此在《壇經》中已有明白的表示。所以《壇經》先講般若，再講禪定，然後再講懺悔和三皈，次第和一般觀點是倒過來的。一般是從懺悔、三皈、五戒開始，再進入禪定智慧的次第。其實這並不奇怪，因為戒有定共戒和道共戒，解脫道也有定慧俱解脫及慧解脫的兩種狀況，所以，一旦有了智慧，得了解脫，當然不必形式上的受戒儀式及習定的過程，可是還是要講到懺悔和持戒。《壇經》中的懺悔是無相懺，戒是無相戒，然後發〈四弘誓願〉，可見懺悔、受戒、發願，仍然是連在一起的。

懺悔的意思，是要我們承認自己是有問題的人，自己是有煩惱的人，自己的我貪、我瞋、我癡、我慢、我疑、我見，貪、瞋、癡、慢、疑及諸邪見，全部都是因「我」而生。知道有這種「我」的存在，所以要懺悔。因為這個「我」，本身就是種種煩惱、障礙，那是從無始以來，所造的種種惡業，而生種種障礙。所以當我們已經有了智慧的時候，實際上的障礙並沒有完全消除，還是需要繼續不斷地發願、懺悔。

懺悔的時候，就是無相懺。所謂無相懺，就是既然知道有罪、有障，便當痛切懺悔；過去的罪惡從此不再犯，未來的罪惡從此不令生起，現在的罪惡從此立即斷除，這才叫真正的懺悔。打從無始以來，直到成佛為止，所有一切罪障全部從此懺悔。並且知道一切罪障本身是無自性的，也就是沒有不變的罪性存在。如果罪障有自性，那就不能改變，既然不能改變，懺悔也沒有用，成佛也就不可能了。知道罪性本空而仍行懺悔，就叫作無相懺。

懺悔的作用有兩個層次，一是有相的，自己發現到有障礙，便當痛切懺悔，承認過去無量劫來所造種種罪業，同時發願從今以後要一邊學佛、一邊還債；一邊修持、一邊受報，任何果報都心甘情願地去接受，自動自發地去承擔，不畏懼、不逃避。罪是無性，因果是有，因果本身亦無自性，造了業、受過報，罪就沒有了，正在受報的時候，已經知道果報不會永恆，有了這樣的認識，受報的時候，不會有煩惱。這在菩提達摩的「二入四行」中，叫作「報冤行」及「隨緣行」，也就是說，果報現前，心裡無須煩惱，而對於未來的果報，應該來的，一定會來，逃也逃不脫、躲也躲不掉，擔心也沒有用。二是無相的，對於現在的苦報不排斥，對於未來的苦報不恐懼，心中無我而仍作懺悔，便是無相懺悔。

（一九八九年八月十六日講）

〈四弘誓願〉

「願」等於方向和目標，凡是標定了方向往前走，每走一步都是目的，如果沒有發願，等於沒有方向。在學佛的途程中，如果沒有發願，便很容易失去信心，也很容易迷失方向，隨時可能左搖右擺，不知何去何從。因此，經論之中，處處都教我們發菩提心，那就是發起學佛、成佛的大菩提心。《六祖壇經》所示的〈四弘誓願〉最為具體，那就是要度眾生、斷煩惱、學法門、成佛道，而且都講「眾生無邊」、「煩惱無盡」、「法門無量」、「佛道無上」，都用一個「無」字來形容，意思就是不要以有限的心來衡量佛道。

願心是教我們往前、往上看，不要往腳底下看，若往腳底下看，一定挫折重重，遍地荊棘，可是往前看、往遠、往上看的話，滿眼都是湖光山色，都是莊嚴的淨土。就好像登山一樣，為了山頂的美景在望，雖在走上去時，可能是步步亂石、寸寸草莽、危崖嶙峋，還是要勇往直前地向上攀登。自己的路要自己來開拓鋪平，然後好讓後來的人走得比較方便，這個就是上求佛道下化眾生的悲願。

一個學佛的人，如果既不護持三寶，也不照顧家庭，既不負責也不盡力，只望人家給予，光叫人家成就，那就跟蚊蠅一樣，吸吮了人家的營養，可能還拉一把屎，並留一些毒，這是很可憐的事。所以學佛的人，必須發願，首先就是願能廣度眾生。

（一九八九年八月十七日講）

修行和證悟

「修行」和「證悟」，是很大的題目，今天只能做很簡單的介紹。

所謂「修行」，是對身、口、意三業而言的，隨時注意著身、口、意三種行為的動作或表現，並且隨時加以修正改進，便是修行。一個沒有修行的人，自己做了什麼事，說了什麼話，動了什麼念頭，自己卻不知道在做什麼，為什麼會這般做。有了一點修行工夫，或正在修行的人，他會知道自己在做什麼，雖然還是沒有辦法叫他自己不動、不說、不想，可是過後，馬上知道自己做錯了事、說錯了話、動錯了念頭。更進一步地，那就是還沒有做壞事，就知道自己可能要做壞事了；還沒有說壞話，就知道自己可能要說壞話了；還沒有打妄想，就已經感覺到要動妄念了。我們如果經常注意、檢點自己的身心行為，時時把心向內觀照，這種預知的情況漸漸會出現。這個時候，要用你的方法來代替你的妄念的出現，這叫伏煩惱。伏煩惱是使得煩惱不現行，雖然內在還有一種蠢蠢欲動的自覺，可是已不會表現出來。

凡夫往往在做錯了事，說錯了話之後，不僅不肯認錯，而且還要推諉、隱瞞、覆藏。這有三種情況，一是明明知道錯了，還要狡辯洗刷，便是推諉；二是死不認帳，叫作隱瞞覆藏；三是迷迷糊糊，真的不知做錯了事，這是愚癡。對這三種情況的人，均須要用佛法的開導，令他們知過改過，成為修行的人。

「證悟」又名「悟道」，可有很多層次。有小悟、大悟，有世間道、出世間道，有聲聞道、菩薩道及佛道。

悟的功能的發生，一定是在自己心境很寧靜的情況下，或者是很專注的情況下，突然出現了柳暗花明的景象。在《論語》裡面講到，人有生而知之、學而知之、困而知之的不同。所謂「學而知之」，就是很專心、很專注地學習，會有悟境的出現，比如舉一反三，聞一知十，這也算是一種悟境。「困而知之」，就是在前面是絕壑，後面是斷壁，在這個時候要找出一條可走的路來。有很多發明家，就是在這樣的情形下發現了宇宙的大道理。但是世間的證悟，是證悟到一些世間的道理、定律。

不過世間的證悟是有我的；不管是小我或大我，凡有所執、有所依賴，不管是依賴科學上的定則，或者是依賴哲學上的理念，或者是依賴宗教上的神，不管是有形、無形，都是世間法。

有很多人打坐的時候，身心得到輕安的覺受，頭腦有一種清明的體驗，心裡面一下子好像少了一些負擔，或者覺得沒有負擔了，身體的重量感沒有了，心裡的煩惱一時不現前，自己感覺到喜悅無量，得未曾有。這個時候，他會覺得自己已經是開了悟了，已經得解脫了，這是有問題的。但是，真正開悟的人，是不是沒有歡喜心呢？

釋迦牟尼佛在菩提樹下成佛以後，在七天之中，享受他的解脫之樂。這個時候，梵天來請他說法，而魔王請他涅槃。這個階段之中，釋迦牟尼佛是從一切煩惱得到自在、得到解脫，這個時候實際上是大涅槃，《大涅槃經》中叫作「常樂我淨」，這不是世間飢渴而得到滿足的樂，不是在熱的時候，給你清涼的樂。大解脫的法樂，不同於身心所感受的輕安樂及五欲樂。身心所感受的喜樂，不算是解脫。

真正的解脫，是從身心得到自在，也就是離卻身心世界，出離五蘊的束縛，才是真的解脫。真解脫又有聲聞道、菩薩道和佛道。實證聲聞道，個人得解脫；實證菩薩道是自悟而又悟人，自得解脫而又解脫眾生，甚至是以解脫眾生做為解脫自己的先決條件；佛的境界，我們已沒辦法來說，他是涵容著一切世間出世間的智慧和慈悲的全部。

（一九八九年八月十八日講）

（一九八九年八月十三日—十九日中華佛學研究所第二屆大專青年佛學夏令營開示，刊於《人生》雜誌七十六期）

皈依正信的佛、法、僧

今天有近一千五百位新發心的菩薩來皈依三寶，首先我祝福諸位。

「一千五百」這個數字，恰好與釋迦牟尼佛在世時，經常跟隨他修學的常隨眾人數一樣，因此，將來如果我們之中有人先成了佛，那我們大家也都跟著他修學，這樣也是一千五百位常隨眾了。

誰先成佛是不一定的，有可能是師父，也有可能是諸位之中的某一位。就像釋迦牟尼佛在過去世時，跟他一起修行的人當中，就有人比他先成佛。不論先後，只要一起修行的人之中有一個成了佛，所有的人都會跟著沾光。即使如此，還是有很多人不易成佛，但是至少在大法會上也能成為大菩薩。所以，我先在這裡祝福大家。

皈依三寶的重要性

皈依是皈依佛、法、僧三寶。佛，是一切諸佛，但是在我們這個娑婆世界，也就是這個時代、這個地球上，已經成佛的人只有釋迦牟尼佛。法，是釋迦牟尼佛說的道理，也就是「經」，以及佛的弟子們、歷代祖師大德們註解經的「論」。皈依法，就是根據釋迦牟尼佛所說的經典來修行，歷代祖師都是這樣解說。我們皈依三寶、學習佛法後，就是「初發心」菩薩。菩薩能不能成佛呢？能！但是在人類歷史上，除了釋迦牟尼成佛之外，未來將成佛的是彌勒佛。

雖然所有的三寶弟子都能成菩薩，但是如果有人自認是佛，並且借用佛教的名字、引用佛經，雖然他們自稱是佛教，但是其實是附佛法的外道。現在臺灣像這樣的外道很多，有的自認是佛，有的則自認是在佛之上的佛！像這樣的都不是佛教。他們運用自己修行過程中的體驗來解釋佛經，但是他們的體驗，不過是身體上或心理上的一些反應，以禪法來講，叫作幻覺，都是虛幻的一種經驗，不是事實。

如果離開佛經，用自己的意見來解釋佛經，這在佛教來講，就是魔說，所謂「離經一字，即是魔說」。佛教主張以經解經，用佛的經典來解釋佛經，使得佛經義理更清楚，一般人才能聽懂、看懂，這是佛法。如果以自己修行的身心反應來解釋佛經，這就是魔，就是外道！因此，佛法是不能隨便講的。

新興宗教與佛教

今天是民主時代，只要有二、三十個人集合在一起，向政府登記，就能成為一個合法的團體，所以我們不會去取締這樣的外道團體，政府也不會這樣做。因此，在臺灣說自己是佛的人很多，常有一個接一個的新興宗教出現。這些新宗教的發展，往往當第一代的創始人往生時，第二代大概就不容易繼續下去。因為第一代的人可能有一些異於常人的能力或辯才，因此有很強的號召力，但是如果第二代沒有那樣的能力，就會解散；或者是有些人因此改邪歸正，成為真正的佛教徒。

幾年前，臺灣有一個人宣布自己成道了，但他是在家居士，所以不好意思說自己成佛了。最後他臨終的時候，寫了一封信給諸山長老，說他過去一生之中所講的，都是由於他的傲慢所致，他既不是聖人，也沒有成佛，只是一個凡夫。如此表白後，他的信眾就不會再講自己團體的祖師是佛了。像他臨終時能反省，還是非常好的。我們不會否定這些人，因為我們沒有權利反對他人，可是他們到了第二代的時候，會自己反省。但是還有許多附佛法外道，到死為止都不會反省。

像這樣的新興宗教，在臺灣有他們的市場，而且還滿興盛的。臺灣這些年來，尤其是在解嚴之後，新興宗教非常蓬勃。最近又有一個團體出現，他說自己就是釋迦牟尼佛，他的弟子們經常到許多著名的佛教道場鬧事，聲稱自己才是真正的佛教。

我們自佛教教主釋迦牟尼佛一代一代傳下來，是有傳承的，而他卻不需要傳承，這就是外道。他出道沒有幾年，真正得到的經驗也很少，在幾年之間，他們會變得很快。但是他的徒弟常常到這裡來找我們辯論，但我們是不辯論的，我們只要弘揚佛法。

跟外道辯論是毫無意義的，不要以為辯贏了，他們就能成為佛教徒，這是不可能的。因為他們是一種很狂熱的信仰，尤其是他們的創始人辯才無礙，也懂得許多經典和佛法，只不過他所詮解的佛法和我們不一樣。

經典中記載，釋迦牟尼佛規定皈依僧寶一定是皈依出家僧，而不是在家人。出家的團體叫作僧寶，由僧寶來傳持佛法、住持三寶、弘揚三寶，代表一代一代僧團的傳承。在家人是不是可以弘揚佛法？是！可以幫助僧團護持佛法、推動佛法，但是不能夠住持三寶。

我們受的是釋迦牟尼佛的戒，沒有受過戒的人不能成為僧團的一分子。所以，皈依的「佛」，是皈依釋迦牟尼佛，皈依的「法」，是釋迦牟尼佛說的經藏，皈依的「僧」，是釋迦牟尼佛後代的出家清淨團體，不是一個人突然間做了夢，或者有一個特殊的經驗，就覺得自己已經是佛、是菩薩了，否則以佛教的立場而言，這就是外道；從現代的詞彙來講，則是新興宗教。

「新興宗教」這個名稱是相對於「傳統宗教」的。中國傳統的宗教有道教、儒家和佛教。宋、明之後有天主教、伊斯蘭教，這些都是傳統的宗教。其他還有民間宗教，譬如媽祖是民間宗教，民間需要有這樣的神來保護，尤其是自己不知道怎麼修行，只是以拜拜或作醮來得到保佑、得到平安，這就是民間的信仰。

有大多數的人是由民間信仰轉為正信的佛教。我們不反對民間信仰，就像我們不反對新興宗教一樣，我們不需要去反對、去辯駁、去取締，但是如果有人要來擾亂道場，那是絕對不容許的。

因為今天臺灣宗教的複雜度，讓人不容易分清楚哪個宗教是正確的？哪個是不正確的？而且在沒有接觸之前，又怎麼知道正不正確呢？這就要看我們的善根了。如果親戚、朋友，或是你閱讀的文字，讓你正好接觸到佛教，你就有因緣來學佛了。

成為真正的佛教徒

我們每年舉行四次皈依大典，每次都有一千二百到二千人參加，這可以說，正派的佛教在臺灣還是非常受歡迎的。不正派的那些新興宗教即使再活躍，也沒有辦法被大眾肯定，更不會被正統的佛教所承認。只是非常可惜，我們沒有辦法把「佛教」兩個字申請專利，因為它是公共的名詞，任何人都可以使用。

今天我在皈依典禮上，跟大家說明要成為真正的佛教徒，就要皈依佛、法、僧，這三點非常重要。如果與這三項皈依不相應，就不能稱為佛教。這一點大家能夠記住，就不會再走錯路了。如果明天有人拉你去皈依別的，或是讓你去見什麼上師、活佛，你不要又去了。在臺灣有一些自封為上師、活佛的土上師、土活佛，他們並沒有西藏的傳承，而這種人在臺灣很多！所以，請大家不要走進佛門，又退出佛門，這是很可惜的事。最後，我為你們祝福，恭喜你們進入佛門了，真是很幸運、很有善根。

阿彌陀佛！

（二〇〇八年四月二十日講於北投農禪寺「祈福皈依大典」）

外道不是佛教

我們首先要了解，佛教所說的外道，並不等於西方宗教所稱的異端，不含有侮辱、排斥、歧視的意思。例如印度的學問有五類，稱為五明，包括工巧明、醫方明、聲明、因明和內明。這五種學問，唯有佛學稱為內明，故在中國佛學界，稱佛學為內學，而其他諸子百家為外學。同時由於佛教是教人向內心求見自性的佛，凡向心外求神、鬼等外力的加持，即稱為外道，所以佛法又叫作心學，是為開發心地的智慧光明，而產生慈悲心的力量，絕不是叫人去求取色身的長生久視；此所謂內外之辨，即是佛法和外道有所不同的地方。

近世以來，由於世界各民族之間交流頻繁，文化的溝通和宗教的接觸，都漸漸傾向於彼此尊重、互相容忍而共存共榮的局面，也有彼此觀摩、互相學習、取長補短，產生新文明和新文化的結果。這都是值得慶幸的事。古代的宗教與宗教之間，往往互相排斥，彼此鬥爭，類似於達爾文所說的「物競天擇，適者生存」。而今這種強者愈強、弱者愈弱的情形，已經大為改善，以致於今日世界的各大宗教之間，也在互相溝通。例如佛教學習西方教會的運作方式，基督教學習佛教的修行方法，各大宗教都向不同的宗教伸出了友誼之手。雖在教理上尚有無法認同之點，而在原則上大家都已有了共識——就是為著全人類的幸福和平而各盡其力。那也就是世界宗教大同盟或世界宗教聯誼會的宗旨。

佛教一向不排斥異端，不主張消滅外道，但也一向旗幟分明地做著內外之辨。例如在佛的時代有九十六種外道，總稱為六師外道。第一、否定善惡之業的外道；第二、無因而有的邪命外道；第三、否定精神和靈魂而主張唯物思想的順世外道；第四、主張心物永恆的常存論者；第五、主張詭辯的懷疑論者，又稱為捕鰻論者；第六、主張苦行的耆那教。另在印度的宗教哲學史上，又有六派哲學，後來此消彼長，都漸漸融入於印度教的各派之中。

到了西元第一世紀，有一位巴達拉耶那（Bādarāyaṇa）出世，取捨印度各派的宗教哲學而產生新的梵我論，認為梵是精神的實在，是宇宙的根源，它能生長萬物且轉變萬物，萬物與梵我之間不一亦不異，破除印度的勝論、數論和佛教的因緣論，而發揚正統婆羅門教的有神思想，是為吠檀多派。西元第七世紀，又有羯烏達帕達（Gauḍapāda），採取佛教的中觀及瑜伽學派的思想，主張不二的一元論，把梵我稱為一元，它是遍在的一切，是不生不滅常住的真實，所有的一切現象只是唯識所變的幻影。到了第八世紀，有個商羯羅（Śaṅkara），是位大瑜伽師、大學問家，撰寫了幾百種以上的著作來發揚光大此派的哲學，把上智上梵稱為真諦門，下智下梵稱為俗諦門，而依上智把我跟上梵合而為一，歸入於最高的我，稱為真的解脫；所以這一派是集印度傳統各派哲學之大成，特別也吸收並運用了佛教中觀及瑜伽學派的思想架構和論辯的方法，而說明梵我不二的一元論。如果對印度哲學及佛學沒有高深的學養，根本無法分辨它和佛教有何不同，甚至會相信他們所講的才是真正的佛法。所以當商羯羅成名之後，遊化諸方，攻擊佛教及其他外道；當時成群的佛教僧侶因為跟他辯論輸了，紛紛離開佛教，變成吠檀多派的弟子。

　　印度的佛教從西元四世紀初的笈多王統開始，到第七、八世紀波羅王統的時代，密教逐漸發展，到最後形成了所謂印度後期大乘的佛教全部為密教的世界。這是由於佛教梵化的結果，也就是佛教採取了印度教的若干修法和觀點。梵化了的佛教，剩下來的只有中觀和瑜伽的理論，而它已被吠檀多派的印度教所吸收，勢已至此，不管如何辯論，都只有認輸的份。因此到今天為止，印度現已有約三十萬的佛教徒，皆是從南方的錫蘭上座部引回印度本土的，目前印度人在世界各地傳播佛法者也屬南傳系統。而西藏雖然在地域和文化上跟印度毗鄰，但西藏密教尚未回歸成為印度民族社會的佛教。

外道在佛典中的梵語叫底他迦（Tirthaka），根據《維摩義記》卷一說「法外妄計，斯稱外道」，《三論玄義》說「至妙虛通，目之為道，心遊道外，故名外道」；《首楞嚴義疏注經》卷一說「不入正理名外，但修邪因名道」。在經論中提到印度諸外道的例子很多，例如《雜阿含經》卷四十六、《維摩詰經》卷上、《大般涅槃經》卷十九、《陀羅尼集經》卷一、《長阿含經》卷十四、《大毘婆沙論》卷一九九、《大佛頂首楞嚴經》卷十、《大智度論》卷四十、《瑜伽師地論》卷八十七、《摩訶止觀》卷十上。而大、小乘的諸論典中，凡提到外道之說，統稱為外人說、外人見、或「外道邪說」。小乘論典都破外道執著，大乘論典同破外道見和小乘見。

為什麼把外道的見解稱為邪見？此邪未必是主張殺人、放火、搶劫、強暴的「邪」，其實他們皆強調人間的道德和禪定的修持，以及解脫和智慧等的標榜。但是既為外道，不論是九十六種或六十二見或六師，以及最傑出的吠檀多，都不出兩個模式，就是佛所說的常見和斷見。除了明顯的唯物論之外，所有的主張多半可以歸納為常見的範圍，例如靈魂的永恆、本體梵我的遍在常在，或是真諦或俗諦、現象或本體、不二的一元等，凡是相信最後和最初之根本的思想，都叫作常見的外道。因此佛教的如來藏思想，也被人誤會為與梵我相同的常見；可是《楞伽經》中已經明確地解釋如來藏不是印度外道所說的梵，所以《大涅槃經》所說的「常樂我淨」也跟外道所說的常見不一樣。佛法說的「常」是緣起的空，而外道所說的梵我是根本、是理、或是理事不二的實體。佛法是因緣論，非一元非二元非多元，亦非不二的一元論；真俗相即的梵我仍是一元論的常見，佛教不會接受它。

從佛教的立場看外道，執常要比執斷好些；然其既有所執著，就是違背因緣的法則，或否定因果的原則，無法達到真正超越三界的目的，所以稱他們為邪。然而並非否定他們對於現實人間的誘導。例如印度教中多半主張素食、主張修定、主張以鬼神的咒力來達到身心寧靜和神祕感應的效果，但是這些仍都屬於三界以內的生死法，不是唯向內求捨黏棄縛的解脫法。因此華嚴五祖圭峰宗密禪師要把禪定分作五階，即外道禪、凡夫禪、小乘禪、大乘禪和最上乘禪，最上的禪法也叫如來清淨禪。所以我們不可由於外道也有禪定的方法和合乎人間標準的道德觀念，就認為他們也是佛教。

今天世界各地有許多新興的宗教，多半是從靈媒開始的；這些靈媒除了以降神、附靈等方式表達他們的宗教觀念和信仰之外，同時也採用傳統宗教的經典做為理論的架構和說服信眾的依據。在日本，類似的新興宗教有幾十個；印度的新興宗教尤其多，他們大多採取印度教、伊斯蘭教、佛教的共通點和一般民間宗教的通識。由於他們都有一些靈力的表現，所以能夠號召許多群眾。這些人多半借用原來各種傳統宗教的神、佛、菩薩、大靈或者歷史上的人物之名，而宣說自己就是那些神明的再來示現，並且昭告大眾，他們已得各上師的真傳。他們並不會否定任何宗教的主神和經典，但是他們會把自己置於一切宗教的主神之上，而說東、西方各宗教的主神僅是化身，他們才是真身的表現；同時照著他們自身內在經驗的觀點，解釋一切宗教的聖典。他們聲稱一切宗教都是好的，但他們才是一切宗教之中最好的、最全的、最高的，因為他們已攝收並代表了一切宗教最好的部分。相對地，這也就是否定了除他們之外的一切宗教，所以自然不會受到一切傳統宗教的認同。他們在佛教盛行區，說是佛教，在基督教、伊斯蘭教、乃至任一宗教的盛行地，都會說就是那個宗教，實則是另立一派而成為另一個新興宗教。像印度的錫克教就是如此產生的：既說他們是真正的印度教與伊斯蘭教，又說他們之外的印度教與伊斯蘭教不是真的。

此在現代中國的臺灣地區，剛剛從封閉而轉為開放和多元化的社會，所以一切新興的宗教和新來的宗教都把臺灣看作一塊肥沃的綠洲，可以任意發揮，也都能吸收不少的群眾，個個自成一宗或一派。這種現象在戰後的日本亦曾發生過，而美國在進入二十世紀之後就漸漸形成這樣的狀態。所以只要他們在不違背當前社會秩序和法律的原則下，都有其爭取生存空間的權利。佛教徒不應倡議反對、打倒或恐懼；相對地，也不能因為各種新興宗教既已擁有群眾和勢力，而且又承認他們自己是佛教，我們就必須接受或認同他；因為附佛法的外道一定說他們自己就是佛教。佛教沒有要排斥他們，但佛教應該有權說明自己的立場，和附佛法的外道有明顯的內外之分，否則佛教在中國存在的日子便不會太久了。

我們絕不可以因為某一派或幾派的附佛法外道說自己是佛教，而又因為他們已經有了相當龐大數量的信徒，為了膨脹佛教以虛有其表，便願接受認同他們是佛教。因為附佛法外道是用佛教之名而遂破壞佛法之實。

正統佛教的歷代祖師、高僧大德，都少欲謙虛，絕不以凡濫聖。而附佛法的外道諸師，多半聲稱自己就是佛的再來，他們代表著最高、最後、最究竟或最完美的神或佛，而且唯有他們才是世界最好、最高的宗教，並要求信眾狂熱地做個人中心的崇拜。這種驕、狂、慢的心態，乃是一般神教創始者的共通性，我們怎麼可以承認他們就是佛教的善知識呢？

今天的臺灣宗教界，尤其我們佛教界，對於世界宗教的常識、對神祕經驗的身心現象、對印度宗教與佛教關係的同異出入等，都不太清楚，並且對佛教的本質以及對於佛教思想系統的歷史背景和文化環境，也不夠了解，所以在內外之分、神佛之辨的問題上，無法釐清。

不要以為外道曾學佛法或在使用佛經，那就是佛教；也不可認為外道自稱是佛教，並願依附佛教，便說他們已歸順了佛教。切不可拿佛陀降伏三迦葉並且收服舍利弗和目犍連的例子，來看待今日附佛法外道的借佛教之名推行外道之法。因為真正的歸順佛教，必先放棄外道知見，而不是仍以外道知見來曲解佛法。

佛教徒宜有容許任何其他宗教傳教活動的雅量，可是為了維護正統佛教的基本原則，不得不捍衛佛教，而要如斯地鄭重宣告「外道不是佛教」。

（刊於《人生》雜誌七十四期）

以人為本的佛教

佛法，屬於正統的佛教。有三個基本的條件：第一是以三寶為中心。第二是以人為本位，是以人為主，佛法是以人為對象。第三要相信因果和因緣。這三個基本條件也就是法鼓山的理念、法鼓山的形象、法鼓山的目標以及法鼓山的行動。

佛法是以人為主的，不是以鬼為主的。佛法跟其他宗教不太一樣。宗教的層次有三個：一種是梵天化的層次，也就是講哲學上的層次，叫作梵天。另外一個是世間化、世俗化的。還有一個是鬼神化的，那更糟糕。

宗教可以分為三個層次來看，我們要超過這三個層次，由淨化社會、淨化心靈而慢慢地朝向解脫。「解脫」可以給它一個名字，叫作「超越」。解脫和超越，實際是淨化以後的最高目標，是從人而到佛，只是人是有我的，而佛是無我的。

第一、梵天化的宗教，所謂梵天化是講要相信上帝的——上帝造萬物，我們都是上帝造的，死了以後會把我們收回到天國去，基督教叫寵召。相信人都是上帝造的，最後又回到上帝身邊去，這是一般的世間的宗教。

第二、世俗化的宗教，就是把宗教當成人間世俗的工具來用，世俗的工具是什麼？那就是有求必應！沒有兒子的人拜送子觀音；眼睛有病的人拜眼光菩薩；常常有病的人拜藥王菩薩、藥師佛等等。諸如此種就是世俗化的宗教。你希望達到什麼目的，就去拜什麼神，那就是世俗化的宗教。

第三、鬼神化的宗教，這個更糟糕。有叫陰神，有叫陽神。鬼神裡邊的陰神就是鬼！陰神裡頭有各種各樣的鬼在裡頭，有的是吊死鬼、有的是淹死鬼等等，陰魄不散，在那邊作怪，這個就變成了被拜的對象。臺灣這裡信仰很多！有什麼「姑娘」、「仙姑」、「姑婆」，這都是鬼，臺灣話叫陰神。那麼，神是什麼呢？神是從鬼裡邊，超出一級的。他是在人間的時候，就非常地正直，死了以後，常常顯靈，有人叫他顯聖，像關公、岳飛，在歷史上人物之中，非常正直的人，死了以後，不僅僅是晚上顯靈，白天也顯靈。在任何時間你求他的時候，他都可以保佑你，這種叫作神或者是信神的。

世俗化和神鬼化，是非常相近的，世俗化非常地俗氣，神鬼化非常地神祕，一個是俗氣，一個是神祕。

民間宗教的信仰，不能說不是宗教，也不能說它沒有作用。人在不同的文化背景生長，也沒有接觸過更高水準的文化環境的時候，他就接受低級的民間信仰，我們不怪他們。之所以信仰世俗化的、鬼神化的、梵天化的宗教，是因為他們需要這一些提供他們真正的需要，幫他們解決問題。不過，我們要給它一個名字——迷信，就是民間宗教的迷信、梵天化宗教的迷信，不是正信。另外也給它個名字——外道，外道並不是貶低他們的用語，而是相對於我們佛教來講。

佛教的方法是我們向內向自己自心提昇自己的品質，其他的宗教則是向外追求神鬼等等的力量來幫助自己解決苦難。一個是向外追求幫助、救濟。一個是向內提昇自己，來幫助他人，這二個是完全相反的。一個叫外道，一個是叫作佛教。但佛教也不否定他們，而承認他們有作用、功能。可是我們自己已經是信了佛教的人，不要再回復到民間的宗教去。而我們法鼓山要做的事是提昇人的品質，就是要提昇一切宗教的層次，那一些宗教的人，他們是不會反對佛教的這一些層次的！

（刊於《法鼓》雜誌四十三期）

成佛的法門

佛法是什麼？佛法就是成佛的法門。通常人們以為佛法就是佛所說的法，這是沒有錯的。但是佛說有人天法、小乘法、大乘的菩薩法，其中只有大乘的菩薩法門，才是直成佛道的法門。因此，我們要講佛法，應該是成佛的法門，才是真正徹底的佛法。

今晚演講的地方是大覺蓮社，「覺」有不覺、遍覺、正遍知的大覺。不覺是凡夫，遍覺是小乘，大覺是佛。我們要學的是佛，因此講佛法就是成佛的法門。成佛的法門是什麼？我為你們寫了十二句話如下：

如何成佛道？菩提心為先。

何為菩提心？利他為第一。

為利眾生故，不畏諸苦難。
若眾生離苦，自苦即安樂。
發心學佛者，即名為菩薩。
救世菩薩行，悲智度眾生。（編註）

如何成佛？首先要發菩提心。一般人不知道何為菩提心，以為自己離苦得樂，自己求得解脫，自己求成佛道，就是菩提心。其實不是，菩提心是以利他為先，不是以利己為重。我們中國人都說自己是大乘佛教，在三藩市還有一個維護大乘傳統的基金會。但是，許多人連小乘都不是，沒有菩提心，只有自私自利，自求解脫。真正的菩提心是為眾生能夠捨一切，受一切；捨一切自己的利樂，受一切眾生的苦難，這才是真正的菩提心。

能捨一切　能受一切

我們可以把釋迦牟尼佛做為菩提心的榜樣，釋迦牟尼為何要出家修行呢？他出生王宮中，沒有任何出家的理由。但是在皇宮外，卻看見人間的生、老、病、死，以及眾生的弱肉強食。他看見眾生的苦難而發願，使眾生從生、老、病、死及弱肉強食中得解脫，因此他就出家了，這就是發菩提心。

我們是如何來學佛呢？因為發現自己很苦，自己身心有問題，所以希望求得自己的解脫，從佛門中得到一些方法來幫助自己得到安樂。這叫發菩提心嗎？當然不是。但是也不錯，因為以自私心來接觸佛法，使我們知道什麼叫發菩提心，因自私而入佛門，聽到佛法之後再發菩提心，也是非常好的因緣。

我們要學佛，就是從發菩提心開始。發菩提心不是今天發心，明天成佛，而是永遠地為利益眾生吃一切苦。即如地藏菩薩的「地獄未空，誓不成佛」，或是「我不入地獄，誰入地獄」。菩薩受了種種的苦難，目的就是使眾生得到安樂。

因此，我們一開始學佛就是發菩提心，發了菩提心的人，叫作初發心的菩薩，也就是「初心菩薩」。雖然不能度一切眾生，但是不要為了自己而損害他人，應該盡自己的力量使他人得安樂、離苦難。用什麼方法？用我們的慈悲和智慧。

以智慧慈悲度眾生

智慧分為兩類：一是「有漏慧」，一是「無漏慧」。有漏慧是從聽聞佛法而得到的正知正見，無漏慧是以自己的修持而證悟到的智慧。慈悲如果沒有智慧，可能存好心度眾生，結果卻害了眾生；自己不但沒有功德，反而有了罪過。所以，慈悲度眾生一定要有智慧，至少要以佛法的正知正見去幫助眾生。否則，說是慈悲，卻可能是濫好人做糊塗事，也可能根本就是做的惡事！

因此，學佛一定要聽聞正法得正知正見，然後如法修行，如法度眾生，這才是真正的菩薩行，或是成佛的法門。今天有很多附佛法的外道，他們也用佛經及佛學名詞，但卻是在傳播違背因果原則的邪知邪見，這就不是正確的佛法。有的人因緣很好，一下子就遇見正確的佛法，有的人很辛苦，外道中轉了很多圈才遇到正信正見的佛法。

戒定慧是佛法三綱領

智慧分無漏與有漏。如果依戒、定、慧三個綱領層次來修行，就會得無漏慧。

「戒」的定義是「當做的不得不做，不可做的不得做」。通常，人們認為戒就是不可以做，這是消極的。其實，菩薩戒的意義非常積極，是要眾生不因我們行為有偏失而間接遭受苦難，能因我們行善而得到利益。假如眾生就因我們的行為偏失而受苦煩惱，我們便犯戒了；如我們沒有給他們利益，那我們也犯戒了。所以菩薩看見眾生，第一件想到的不是人家能給我什麼，而是我能幫他什麼忙。

現在，我們把戒的範圍歸納成為六大類，那就是六度的布施、持戒、忍辱、精進、禪定、智慧。為什麼它們都屬於戒的範圍？為何六度是戒？前述「當做的不得不做」，應該做的而不做，便算犯戒。六度（六波羅蜜）既然都是菩薩應該做的事，不做就是犯戒。初發心的菩薩，應該學習修持六波羅蜜。

「布施」含有戒的意思在內，所以在家居士受的五戒名為「五大施」，包括不殺生、不偷盜、不邪淫、不妄語、不飲酒。為何稱為布施？是因為持五戒的人把「無畏」的精神布施給眾生，眾生因而獲得安全，於是持五戒者就使眾生得到了無畏，布施眾生安全感，是非常大的功德。

我們持不殺生戒，不是對一個眾生，而是對一切眾生持守。不偷盜，是不偷一切眾生的財物。所以，別人因我們持五戒，便會得到安全感。例如吃狗肉的人，狗會怕你，所以咬你。沒有殺生心意及念頭的人，任何動物看到你都不會害怕。

二十年前，我帶了幾位青年去訪問一個山村，要經過一條小路，那裡有戶人家，院門上掛了「內有惡犬」的牌子。我根本沒有看見，因為穿過這戶人家的後院，路比較近，所以我就走過去，也沒有狗咬我。我後面有位青年，他見了內有惡犬的牌子，心中就想：「惡犬出來，我就給牠一棒子。」他心中這麼想著，還沒來得及給狗一棒子，狗已經把他咬上了。

毒蛇也是一樣。我曾經遇到毒蛇，無心踩到了毒蛇而且從牠身上走過，蛇也沒有咬我，因為我沒有看到蛇，也沒有看到蛇就給牠一棒子的念頭。我踩到牠後，牠看看我，我只有抱歉地說：「對不起啊！踩了你了。」

許多人都怕鬼，為什麼？因為你沒有和鬼結善緣，沒有給鬼布施。你如果經常誦經布施，迴向冥陽一切眾生，也就會和鬼結緣，鬼便成為你的護法神，就是見到鬼也不必怕。

所以持守五戒的人，心中未起犯戒的念頭，縱然偶爾也會誤殺微細眾生，但是沒有關係，因為他根本沒有殺心，而眾生因自己的業力被持戒的人殺了，持戒的人根本不知殺了眾生，這是沒有關係的。對眾生來說，遇見持戒清淨的人，會把你看成木頭、石頭，或是和他自己一樣，不會對他有傷害。所以，這就是安全感的布施。

除了持五戒算是五大布施之外，還有財施、法施。此三種之中，以財施最易，其次是無畏施，最難的是法布施。如果以菩薩精神發了菩提心的人來說，能夠布施而不布施，算是犯戒。但是，世界上錢很多的人往往沒有財力的布施，沒有多少錢的人往往有錢布施。

有一次，我遇到一位很有錢的人，我問他：「像你這樣有錢的人，應該多做功德、多布施啊！」

他就對我說：「法師，你聽說我有錢，其實我沒錢，我總是欠別人錢。」

他向我舉了個比喻說：「我泡了五杯茶，但是只有三個蓋子，我常常要把這三個蓋子移來挪去，否則茶就冷掉了。我好辛苦，我真的沒錢，我欠銀行的錢好多啊。如果我不欠錢就不能做生意，所以我是一個欠債的人，我不是有錢的人。」

我仍不放棄機會，給他建議：「你有五個茶杯、三個蓋子，何不把它變成兩個茶杯，不是多出一個蓋子來了嗎？」

他說：「法師，你不懂什麼叫作企業，企業就是沒有錢也要做，只有三個杯子的錢，要做五個杯子的事。現在我是騎虎難下，即使我要把五個杯子的事業變成二個，別人也不肯。幾個人靠我一人生活，變成二個杯子，好多人便會失業。」

他講的也是有道理，有錢的人沒錢布施，但是，我的信徒之中有很多人的生活只夠吃飯，還常布施。有一位企業家，到寺院中鼓勵信徒：「我們在有生之年裡，有錢有能力的時候，如果不布施，等到我們沒有錢的時候，便後悔莫及。生不帶來，死不帶去，不做布施做什麼？」經他這麼一說，好多人都布施了，大家就看著他，他卻沒有布施。

他說：「我布施了。我的工人和職員都靠我吃飯，我布施給他們了。」

他講的也有道理，大企業家也做慈善事業，也算布施，不是用他們個人的錢，是用公司盈餘的錢。以他們的知識及能力來助人，也是布施。

但是，布施之中，物質的布施固然重要，以佛法的布施更重要。先要讓人安身，然後讓人安心。安心則比安身更重要。安身是以財力、物力、技術、知識等幫助人，也可以用我們的體力及時間來幫助人。但是，信佛學佛的人，應該也要用佛法的知見和修行的方法來幫助人。所以我們應當護持佛法、供養三寶，就是大布施。學佛的人，就是不該為自己利害得失斤斤計較，應當設法救濟他人的苦難。即使僅能告訴別人這種觀念，也就是法布施了。

持戒功德是應做之事

六度之中的「持戒」範圍有四種，那就是三皈五戒、八戒、菩薩戒、出家人的具足戒。通常的解釋，持戒的功德會生天。因為受了三皈五戒，是不會害人的好人，他所作所為都是有益於人的。如果沒有智慧，也可以得人天的福報，或生上天或生人間，但這不是行菩薩道。

持戒是應該做的事，不要以為是做了好事；布施也是應該做的事，不要以為自己做了功德。否則僅是有漏的人天福報，所以生人間或天上，受了果報之後，功德就沒有了，故不是六度中持戒的功德。學佛人的持戒，不是為求福報。菩薩做好事度眾生是應該做的事，並沒有希望度了眾生，眾生再來回報我，這才是菩薩行的佛道。

有一次，一位居士給我很大的供養，我問他的目的，他說：「沒有目的，不過，師父去西天的時候拉我一把吧。」

我說：「你不要這樣想啊！一切功德都是有的，若你不要想到做功德是為了什麼目的，這種功德最大。如果你做了功德，希望迴向達到某個目的，這是可以做到的，但是力量比較小，因為利他的目的是在自利，所以功德有限。」

持戒或布施，都應該「三輪體空」，就是把施者、受者、所施物三個部分，都不要掛在心上，能夠空掉這三個部分（三樣執著），才是真正的佛道。

為眾生忍辱精進

「忍辱」是屬於布施與持戒的範圍。難捨能捨是布施，難捨而捨是忍辱，難忍能忍是持戒。忍辱要忍苦、忍痛、忍不平，還要忍樂、忍喜、忍五欲，忍五欲和忍不平都是很難的事。不過世人為了陞官發財的錦繡前程，也可採取低姿態，忍氣吞聲，委屈求全，何況發菩提心為成佛道呢？菩薩是為了成就眾生，不使眾生起煩惱，菩薩忍辱的目的不是為自己，而是維護眾生。

「精進」不是為了自己速成正覺，乃是為使眾生去惡生善、離苦得樂而努力不懈地修行。眾生無邊無數，等待我們用佛法去幫助他們離苦難，我們還有時間玩嗎？眾生有種種不同的根性、不同的喜好，我們必須學習無量的佛法來適應不同眾生的根器，給予不同的佛法的幫助，我們還有時間玩嗎？

菩薩道有兩句話：「上求佛道，下化眾生。」很多人都弄錯了主要闡述的意義，以為是自己上求佛道及下化眾生，其實，這是錯誤的觀念。像這般自我心這麼大，自私心這麼重的人，怎麼可能成佛？這兩句話應該是：「眾生需要佛道，所以我要幫眾生求佛道；把佛道給眾生，以佛道度眾生。」不是我度眾生，是佛法度眾生。

發了菩提心的人，懈怠不精進就是犯戒。不過這樣的犯戒，未必會墮地獄，犯戒應該生起慚愧心和懺悔心，告訴自己：菩提心退了，要再回到菩提心。

不動不變是為「定」

「定」的定義是不動不變。可分五點來說明：

一、信心不動：信什麼？信三寶，信心外的三寶（住持三寶），也是一切諸佛、一切佛法和一切僧寶，同時，也相信自己心內和三寶本來就沒有分開。將來我們也成佛，也說法，也成和合僧，也與三寶是一體。

二、法門不變：自己修行的法門要一門深入，不要常常改變。

有人問我：「念觀音菩薩可否到達西方極樂世界？」我說：「能。」他問：「為何？」我說：「你念得非常誠懇的話，臨命終時，觀音菩薩會跟阿彌陀佛一同來接你。」還有人說：「喜歡念地藏王菩薩。」我說：「好啊，為什麼呢？」他說：「我怕墮地獄！」所以，到了地獄裡，希望地藏菩薩還會救他。我說：「唉！你這人怎麼如此怕墮地獄？」他說：「我常常做錯事說錯話。」

有人說：「念藥師佛如何？」我說：「好。」他問：「我念藥師佛，將來能不能往生西方極樂世界？」我說：「當然可以，《藥師經》中就讚揚西方極樂淨土。」

其實，千佛萬佛等同一佛，佛的世界是相通的，只是我們凡夫執著把它分別，你念藥師佛而願生極樂，到後來他一定把你送到西方去。勤念阿彌陀佛的人，也會延生長壽。勤念觀世音菩薩，他是西方三聖之一，當然會接引你去西方極樂世界。地藏菩薩也未必僅度地獄眾生。所以，我們要一門深入，不要為了不同的目的，今天念這個，明天念那個，一定要有恆課定時地來修行。自己修持，一門深入。勸人修持，則可因人施教。

三、戒行堅固：持戒是幫助止惡生善的不二法門。持戒清淨，則不因環境的誘惑而破戒，這也算「定」的工夫。不過，受了戒無意中又犯戒，再懺悔，雖是持戒不堅固，也比不受戒者好，有戒可犯是菩薩，無戒可犯是外道。

四、勇往直前：沒有懷疑，一直往前走。對自己走的學佛之路，不後悔、不懷疑、不灰心，就像賽馬場中騎馬的人，不看左右，不看後，只管驅馬往前奔走。唯有如此，才是定的工夫。否則，左顧右盼，思前想後，就把時間浪費了。

五、禪定修法：持誦、禮拜、禪坐，都是定的修行法。持誦中的念佛、持咒、誦經，都是修定的法。很多人以為念佛就是為了解經中的意思。這些功能是一般的信仰，也是事實。但是念佛、持咒、誦經，可以達到禪定的功能。禮拜是拜經、拜佛、拜菩薩和拜懺，這些都是修定的方便。禪坐有兩個層次：一是靜坐，即靜靜地坐，把心安定下來。二是參禪。靜坐能使我們入定，參禪能使我們破除我執，產生智慧。

無漏般若是為「慧」

「慧」的定義是無漏的般若。能從自我中心獲得解脫，才是真正的智慧。

如果有「為我」的心念存在，無論多聰明，都是有漏慧。真正的佛法，是要我們產生無我無漏的智慧，才是般若。

日常生活的佛法

一、居家生活：我們應視身邊的家人如同佛國中的諸上善人，他們對我們好，能夠幫我們修行，成就我們，這是菩薩。他們如果對我們不好，打擾我們，也當視如菩薩，這是逆增上的成就。不論是順是逆，一切都是菩提心及菩薩道的增上緣。

二、行商工作：我們面對主顧或客戶、上司或下屬、同事或同行等，都應視如互為因緣的菩薩伴侶。彼此提供服務，互相交換恩惠，以助成社會大眾的共同利益。

三、社交場合：有緣相遇的親戚朋友、舊雨新知，都應視為由佛國淨土來的諸善知識。正如《梵網經》說：「一切男子是我父，一切女人是我母。我生生無不從之受生。」把所有人當成我們宿世的父母，對我們都是有恩有德的。行菩薩道的人，要把所有的人都視為恩人。因此要知恩報恩，盡一己之力使他們得到利益，用財物、無畏及佛法來幫助他們。

在家居士學佛應當了解人成即佛成，我們必須盡到做人的責任。除了自盡己責，更要原諒他人，成就他人，關懷他人。

以精進學佛來論，應受三皈並持五戒，每日應誦三皈依文——皈依佛，皈依法，皈依僧；及誦〈四弘誓願〉文——眾生無邊誓願度，煩惱無盡誓願斷，法門無量誓願學，佛道無上誓願成。

如果還有時間，每天多念幾遍《心經》，另外，要處處不忘觀音菩薩，時時要念阿彌陀佛。

（本文講於一九九〇年十月二十五日美國三藩市大覺蓮社，由葉文可居士整理成稿，謹此致謝，刊於《人生》雜誌一〇二—一〇三期）

編註：聖嚴法師於一九九〇年十二月十三日寫給弟子的信函中，將文句修改為：

如何成佛道？菩提心為先。何謂菩提心？利他為第一。

為利眾生故，不畏諸苦難。若眾生離苦，自苦即安樂。

發心學佛者，即名為菩薩。菩薩最勝行，悲智度眾生。

大小乘佛法的不同

今天要跟諸位介紹大乘佛法和小乘佛法的不同之處，特別是大乘佛法因為要修菩薩道，行菩薩行，所以是可以成佛的。小乘佛法有聲聞及緣覺兩類，聲聞是在有佛法的時代，聽到佛說的四聖諦、十二因緣法而照著去修行，能解脫生死而證涅槃，出離三界；緣覺則是出世於沒有佛法的地方，但是他們自修自證的智慧相當深厚，自然就發現了十二因緣的道理，根據十二因緣去修行而得解脫道。聲聞與緣覺解脫之後不再投生人間，也不再度眾生而進入涅槃。修習小乘佛法永遠不會成佛，假如要成佛，必須迴小向大，發菩薩願，才能從小乘轉為大乘，這需要花很長的時間。

聲聞、緣覺為何被稱為小乘？由於他們只求自己解脫生死，出離三界苦海，不管其他的眾生還在苦海之中。雖然他們在尚未涅槃之前也會幫助眾生，譬如小乘比丘們也說法度眾生，不同的是，他們並沒有發願生生世世都到此娑婆世界，其追求的目的是如何得解脫，進入涅槃，這就是小乘。

大乘菩薩誓願自己未度先度眾生

大乘是發菩薩誓願，雖然自己尚未解脫，但發願要度眾生——自己未度先度眾生，這是菩薩初發心。菩薩發心，並沒有考慮自己何時得解脫、何時得救濟、何時出離三界苦難，只想到如何使眾生離苦得樂，這就是菩薩精神。諸位一定聽過地藏菩薩說：「地獄不空，誓不成佛；眾生度盡，方證菩提。」地藏菩薩發願到地獄裡現地獄眾生相，在地獄中他照樣地會感受到種種的苦難，然而這是他自己發願要去的，所以跟因為業報所感而到地獄去的眾生不同，心理上不會覺得怨苦、怨恨、不自由。就像有些人到監獄中去做教化的工作，跟受刑人住一樣的房間，吃同樣的飯。有些法師親自到監獄去帶禪七、帶佛七，跟受刑人一起生活七天，但是法師們並不覺得是在監獄中受苦受難。

因此，大乘菩薩不會拒絕前往任何的苦難之處。譬如臺灣九二一大地震，我們即刻派人到災區協助，與災區民眾生活在一起，這是一種慈悲心。此外，南亞大海嘯時我們也派了義工去印尼、斯里蘭卡、泰國等地救濟、協助他們。有一位義工發願到斯里蘭卡的災區服務兩年，這兩年之間她就跟著災區民眾完全生活在一起，她並不覺得自己是在受苦，因為是她自己發願到那邊服務的。

大乘佛法跟小乘佛法的不同之處，在於大乘菩薩不為自己求安樂，不為自己得解脫，而是為了度眾生，他可以到人、天、阿修羅、地獄、餓鬼、旁生等六道輪迴眾生之中，如果哪一類的眾生需要，只要因緣成熟，他就會去救度那些眾生。譬如菩薩會現豬身到豬群中，過著豬的生活；現身到羊群中，過著羊群的生活，他可能會被飼養者殺掉、吃掉，但是菩薩本來就是要來度化那些豬、羊的，他是不會逃避危險或者苦難的。而聲聞、緣覺這二乘人，因為沒有菩薩以及度六道眾生的觀念，只知道以人間或者天上的兩種形象來修行進而出離三界，所以不會出現在其他的四道。

佛教的精神主要就是菩薩精神。在《法華經．普門品》裡，觀世音菩薩有三十二種應化身；在《楞嚴經》以及《地藏經》裡也提到，菩薩有這樣的能力；《華嚴經》的普賢菩薩、文殊菩薩都有這樣的願心。他們都曾在各類的眾生裡度眾生，他們也會化身為聲聞、緣覺等小乘，這就是大乘菩薩精神的偉大之處。

請諸位記得這兩句話：「菩薩不為自己求安樂，只為眾生得離苦。」大乘佛教之所以偉大，就是以菩薩的精神一生一生地修行，然後才能成佛。釋迦牟尼佛未成佛前是菩薩，他修行三大阿僧祇劫，在佛經裡稱他為因地的佛，也就是菩薩。他在因地的三大阿僧祇劫之中，曾經在各類的眾生群中度眾生，最後則以王子的身分出家、修道、成佛。他為何不以地獄相成佛呢？因為地獄相非常可怕，眾生看了會認為佛是從地獄出來而無法接受，所以佛是用福德智慧相現王子身而成佛，如此一般人就會覺得很珍貴。

修行小乘行有四種增上：一、信增上：建立信心，開始是初心，然後信心愈來愈堅固，愈來愈強；二、戒增上：持戒之目的是為了身、口、意三業清淨；三、定增上：心不會慌亂，經常是在安定與安詳之中；四、慧增上：慧是修定而來，心不浮動就會產生智慧。

一般人老是在情緒中打滾，使得自己很痛苦、很矛盾，跟任何人以及環境都會有衝突。持戒就是心清淨，心清淨之後才能身清淨、口清淨，不做壞事，不出惡言，然後就可以修定。人如果經常能夠處在安定與安詳之中，必定是非常愉快的，如果常常鬧情緒，那就是煩惱。有一些信眾非常虔誠，也很認真學佛，可是情緒容易波動，不但自己煩惱，也使他人痛苦，這就是沒有修定。

南傳佛教將修定稱為內觀，觀自己心的念頭、心的起伏、心的動靜，能夠用心來觀，心就不會浮動，心不浮動就能產生智慧，稱為觀慧。觀慧之後就能夠漸漸得解脫，觀慧實際上是一種定的成果。觀自己心的粗、細、動、靜，心漸漸就能安定下來成為止觀，那就是入定。南傳佛教的內觀，實際上就是由定增上而慧增上，他們最高是證得阿羅漢果而得解脫。此為小乘修行的次第，靠信、戒、定、慧四種增上而出三界。

大乘菩薩三種增上

大乘菩薩有三種增上：一、信增上；二、悲增上；三、慧增上。大乘的「信」跟小乘的「信」內容不太一樣，小乘只信三寶，大乘則是信眾生皆能成佛。南傳佛教國家如泰國以及斯里蘭卡相信佛、法、僧三寶，佛是說法之人，法讓我們得到修行的方法和觀念，而僧則是佛教的團體，是傳播佛法之人，小乘佛教徒相信世界上只有釋迦牟尼佛可以成佛，不相信其他的眾生以及自己都能成佛；但是大乘佛法除了信三寶之外，還相信自己也可代佛說法而成就佛道。中國歷代禪宗的祖師們都在說法，他們並不執著於心外的釋迦牟尼佛，而相信眾生都能成佛，所以發願來度眾生。這不僅僅是幫助眾生得到物質或精神的鼓勵，而是幫助眾生離苦得樂，並能解脫成佛，此為大乘菩薩的信心。

悲增上跟信增上有關。凡夫因為業力而到三界來受報。我們的身體叫作業報身，而環境則是我們業報的果，用業報的身來接受業報的果，這是沒有發菩薩心的凡夫。但是發了菩薩心的人不一定已得解脫，然而，他們是因發願而來。就像菩薩發願，自己未度先度人，就是菩薩初發心——不為自己求安樂，但願眾生得離苦。以願力而至六道眾生中去度眾生的，不一定是大菩薩，普通的人如果能這樣發願，也會有此能力，因為這是願力。這個願力能幫助你修菩薩道，在修菩薩道的過程之中，自己也在隨緣消舊業，就不會再造更多的惡業。因此，自願以願力去度眾生，一方面自己的悲願增加，另一方面自己的罪業也能化解。

慈悲心增上是很容易的。譬如農禪寺舉辦的法會，準備工作都是由法師以及義工負責，他們日以繼夜、風雨無阻地趕工布置壇場，雖然辛苦，可是他們做得很高興，並沒有想到做一天會有多少錢，能增長多少功德，家裡會得到什麼樣的福報，他們的目的只是為成就眾生，這種精神就是慈悲心，就是悲增上。諸位身為社會菁英，也要學習這種慈悲心的精神，這就是發菩提心，悲心增長即為悲增上。

法鼓山辦教育，成就佛教的人才，有些人以「無名氏」護持法鼓山，這些人就是悲增上。此外，我們提倡環保，有許多義工每逢週末、週日、假期，會到山上去除草，將山上整理得乾淨清爽，其實他們可以利用假日帶著孩子好好地出去玩一玩，可是卻到我們山上來奉獻，這就是慈悲增上，也是悲增上。

慧增上是智慧增上，慧增上是人與人之間相處能夠不動情緒。在山上的義工們經常來，但是很少有抱怨的。我問他們是否受到照顧？他們說：「法師們都很忙，我們自己上山來，就要自己照顧自己！」我又問：「你們長期做義工，怎麼沒有一點怨言呢？你們這樣的奉獻，是為誰辛苦為誰忙呢？」他們說：「我們處理雜草，整理山上的環境，這就是我們想得到的，因為這些雜草是心頭的煩惱草，拔一根就去除一個煩惱，拔草等於是在念佛一樣。」所以他們將雜草拔得特別乾淨，這就是一邊工作一邊增長智慧，煩惱自然就少了，以這樣一種觀想法工作，就是在修行。

今天是講大乘佛法與小乘佛法的不同之處，請諸位記得我所說的：「菩薩發願，自己未度先度人，就是菩薩初發心——不為自己求安樂，但願眾生得離苦。」

（二〇〇七年八月五日講於北投農禪寺「社會菁英禪修營第五十六次共修會」）

佛法在日常生活中

今天的這一場演講，使我感到很意外，也覺得十分難得。

這次到英國來，主要是到威爾斯指導一次禪七的修行。我沒想到，在倫敦這裡也會有一場演講，而且有這麼多當地華僑界的居士來這裡聽講；黃果天居士等能在短短的一個月之內，為我籌畫出這般殊勝的演講，使我非常感動。最難得的是，中華民國駐英代表簡又新先生的蒞臨，而且還為我做了這樣好的引言。

簡先生在臺灣時，就是一位優秀的行政高級長官，當過環保署長及交通部長，他的行政能力對中華民國之貢獻，臺灣的同胞們對他都非常尊敬，他的歡迎詞使我感到十分光榮。

中國的佛教傳到英國是最近的事，最早是上座部佛教，其次是日本佛教，像西藏系統的密教傳到這裡的時間也不是很久，但是，他們對西方社會所做的工作比我們多。而中國漢語系的佛教徒，特別是出家的法師們，在語言上比較吃虧。我的英語能力並不太好，不過，我有幾位英語相當好的弟子，因此，在英國有不少西方弟子，也出了幾本英文的書。有一位在英國布里斯托大學（University of Bristol）的教授約翰．克魯克（John Crook），看到我的書以後，特別到紐約來跟我修行。六年來，他不斷邀請我到這裡來指導禪七修行，這一次，已是第三次來到英國。

此次在威爾斯參加禪七的成員，都是英國上層社會人士，有醫生、教授、藝術家、心理學家等，這些人對英國之文化、宗教都有很大的影響力；也可以說，我對中國漢語系佛教的傳播，總算在英國的社會裡埋下了一些種子，這是值得告慰之事。

剛才我問黃果天居士，今天究竟講些什麼呢？聽眾需要的又是什麼呢？或者，只是來看看這位遠從臺灣來的和尚，到底念的是什麼經？

首先，請諸位要有心理準備，佛法的智慧很高，是相當難懂的。如何將佛法運用在日常生活中，而且對佛教有正確的認識，我將它分成三個子題：一、佛學的基本觀念；二、佛教的信仰層面；三、佛法的實踐層面。

一、佛學的基本觀念

諸位一定聽過「苦」這個名詞。苦的觀念，許多人會誤解它，認為人世間，並不是苦海無邊；而佛教大概是用消極的、失望的、苦難的立場來看人生。事實上，這個觀念是絕對錯誤的。釋迦牟尼佛告訴我們：「苦」是積極的，知道人生是苦並不是壞事；能夠理解到人生是苦，才會有激發智慧的機會。因為苦，所以人們要追求；追求歡樂、幸福，希望得到安全的保障。而歡樂的根本就是從苦的立場出現，那麼，苦的根本又是什麼呢？是我們的身體，以及圍繞著身體環境所產生之心理反應，並不一定是身體上發生問題，或是物質條件差，而是心理上的不滿足，對他人怨恨、仇視、妒嫉等。

譬如說，這次威爾斯的禪七道場環境很差，如同回到了人類祖先的原始生活。沒有電燈、電話、自來水之設備，晚上睡的是帳篷，喝的是澗中的水；連洗澡、洗臉、漱口都在那條山澗裡；最苦的是，不知道到哪裡去上廁所。記得去中國大陸時，好幾次就是在野外方便，但是，這次有十二位女眾，總不能讓她們也在野外方便或洗澡；幸好，還有二間簡陋得裡外都看得見的廁所。外邊的地面上都是碎石泥濘，下雨時，必須穿著高筒雨鞋才能出門。

禪七期間，大部分的時間是在修行及工作，睡眠時間極少，參加此次禪修活動的人，雖然都是來自英國上層社會人士，家庭環境都不錯；但是，在這樣的生活情形下，大家還是過得非常快樂。由此可知，艱苦的物質環境並不就是苦，而是看你如何享受生活、運用環境，就可轉苦為樂。

如何轉苦為樂呢？那就必須用佛法的智慧來幫助我們。首先，要了解身體是苦的根本，如果我們所感受到的苦及煩惱要得到解脫，必須用我們的身體及生命，從思想觀念上的疏導及修行生活方式上來改進。佛經裡有一部很短的經叫《心經》，前面有幾句話非常重要：「觀自在菩薩，行深般若波羅蜜多時，照見五蘊皆空，度一切苦厄。」「般若」，就是智慧；我們用佛及菩薩的甚深智慧來幫助我們處理問題，漸漸地，就能開發出智慧來，此時即是禪宗所謂的開悟。

《心經》所說的五蘊「色、受、想、行、識」，即為構成人生命的五個元素，它分為物質及精神兩個部分。屬於物質部分的色身及精神部分的心理活動相加起來，構成一個「我」。生命的本身，天天都在變化，身體在變，心理、觀念都隨人生的學習和經驗在變，人格也不斷在成長、在變化。如果把構成生命的五個條件分析以後，那麼，「我」也不存在，因為它不是真實的，不是永恆不變的，是空的，這個就是《心經》所說的「五蘊皆空」。

但是，我們的生命太可貴了，一般人無法接受生活的存在是空的、是假的觀念，甚至認為這樣的說法太過消極；如果，什麼都是假的，那麼，生命活著又有什麼意義呢？在佛法來講，生活的過程雖是假的，因果的關係卻是有的。佛為什麼說人生是苦呢？因為對自我的安全感及信心不夠，未來也不知道會發生什麼樣的事，只是認為環境有問題，困擾也是他人給的，而不知道這些問題，是因為有「自我」而產生的。因此，釋迦牟尼佛告訴我們，要從自我建立的改善及心理觀念之轉變，才能得到解脫；解脫之後，不但自己的苦沒有了，而且還能幫助他人解決苦難。就像解脫之後的佛，還在不斷地度眾生。古代以來，有許多的菩薩、高僧、大居士們，已經離苦得樂，但是，他們仍然努力地在奉獻、在度眾生。

佛教的基本觀念是苦、空、無常、無我。能夠知道苦是事實，而生命的本身是無常的現象，它不是永恆的、不是永遠不變的；因此，我們何必要在一種虛幻的安定感或不滿之中去追求呢？不但使自己麻煩，也增加他人的困擾。如果我們用佛的智慧了解了這點之後，那麼，會出現一種無我的觀念：我是沒有的、不存在的。諸位可能會誤解，反正是無常的、空的，那麼，生活在這個世界上，就不需要有社會的各種教育文化、政治法律、福利設施、健康衛生等設備。這是錯誤的。心理上沒有安全，但是，仍要依我們的知識及能力，以佛法的智慧與慈悲，使自己的煩惱減少，智慧增長。

二、佛教的信仰層面

佛教的信仰分為「仰信」及「解信」。

（一）仰信：佛教本身不完全是個宗教，但它涵蓋有宗教的層面。一般人，他們並不想知道什麼《心經》所說的苦、空、究竟涅槃等道理；他們只相信有佛、有菩薩、有神、有鬼，有過去及未來，有天堂、有地獄，相信有因必有果。當他們在無可奈何時，會到寺院及神廟求支籤、許個願，就覺得有些安全感了。同時，因為相信有天堂地獄，做了壞事後，善惡到頭終有報，有這樣的觀念也是不錯的。

六年前，我第一次來倫敦時，在一家中國餐廳用晚餐，有一位在那裡服務的中國女孩跟我說，她是從香港來的，因為倫敦沒有廟，所以她感覺很苦悶。我問她為什麼要找廟呢？她說：「我們全家人都信佛教，在香港有問題時，可以去廟裡求籤，現在如有問題發生時，不知道該如何是好？」像這樣的人，我不能說她不是佛教徒，但不是正信的佛教徒。

我想，如果有人告訴她有佛、有菩薩，多接觸幾次後，也可能會變成正信的佛教徒；因此，這種信仰，基本上還是可以鼓勵的。曾經有一位香港女明星，最早每次見到我，就會跟我說：「師父！我去求了支籤，籤上要我選擇東方或西方，師父，您幫我看一下好嗎？」我也不反對她，漸漸地，她看了我的書，聽了我的錄音帶後，民間信仰的那些話再也不講了，現在已經是一位正信的佛教徒。

（二）解信：可以分為理解及經驗兩種層次。有很多知識分子，就是理解到佛法後，覺得可以接受，而變成虔誠的佛教徒。中國近代史上，有一位曾經跟著李鴻章出使英國的楊仁山居士，他就不是先接觸到出家法師，而是在讀了《大乘起信論》後，知道佛法這麼好，佛法才是他要尋找的東西，因此而成為一位佛教徒，甚至被譽為「現代中國佛教之父」。

經驗的層次也有好幾種，第一種是並沒有要求得到什麼，但是宗教的經驗在面前出現了。第二種是經過念佛、打坐、拜懺、誦經等修行的功德，使得身心得到轉變，或者是因為有一種異常的感應，而產生信心。

在臺灣，有一位經常免費替我看病的陳醫師，他是德國的醫學博士，他只相信科學，不相信神鬼之說，有人勸他為他剛往生的母親做佛事時，他還說：「我才不相信有什麼佛哩！除非讓我親眼看到。」當日晚上至墓地時，看到一尊金碧輝煌的佛，在他母親的墓地上空出現，當時，他還不相信自己的眼睛，但是，接連三天都出現了同樣的景象，這時候，他相信是他的母親在度他了，接著開始看佛書，而成為經常念佛的佛教徒。從佛教的立場來講，人人皆有佛性，本身就具備了成佛的可能性，只是凡夫的佛性尚在沉睡，信了佛教後，漸漸在喚醒沉睡的佛性而至開悟；就像本來是一尊睡佛，只要有信心，將來就有機會睡醒。這次參加威爾斯的禪修者，大部分不是佛教徒，他們只是來參加修行的，禪七結束，不但都信了佛教，也都成為受了三皈五戒的三寶弟子。因此，諸位今天聽我講過佛法後，知道你也有佛性，不管現在是否已信佛，總有一天，這顆種子會發芽、成長。否則，這尊睡佛就一直睡下去了，請問諸位菩薩，願不願意相信你們將來都會成佛？

很多人看看我，再看看自己，大概在想：「我也能成佛嗎？」也許還有人在想：「我有家、有孩子，我成了佛，不是也出家了嗎？那怎麼辦呢？」不必懷疑擔心，佛告訴我們，凡夫本質上是跟佛相同的，只要對自己有信心，朝成佛的路上走，就能明心見性！就能開悟成佛！

三、佛法的實踐層面

何謂實踐？第一就是身、口、意的三種行為，不會為自己帶來困擾，也不會讓他人受到傷害。第二是用佛菩薩的智慧與慈悲，來幫助他人，至少你們的家庭，因你個人的努力，而使得家庭和諧、快樂、幸福、安定；家庭如此，那麼你身處的社會及工作崗位上相關之人，必定也是和諧的。

幫助人必須不以自我為立場，而以他人之需要為原則，並且用佛法的觀點來做判斷，這樣幫助人才比較可靠。否則，往往會適得其反，幫助人好像是在控制人、教訓人，使得被幫助的人感到痛苦。中國人有好客的習慣，請人吃飯時，不管客人的食量如何，會不斷地把菜堆給客人吃，被請的客人不吃掉不好意思，吃掉它又很痛苦。因此，如何能將他人真正的需求，恰到好處地給他，這就需要有智慧了。

自利利他的實踐是很容易的，如何將佛法中的智慧用在日常生活中呢？可以用看佛書、誦經、念佛、打坐等修行的方法，使我們的智慧增長。

1. 看佛書送佛書：很多人無法直接接觸到講佛法的法師或居士們，他們只有透過文字，增長觀念的正確性，而得到佛法的好處，接受到佛的智慧。譬如說，黃果天居士開了一個佛教圖書館，也送了很多的佛書與人結緣；實際上，他就是在將佛的智慧送給需要的人。

2. 誦經：等於是代佛說法。誦經並不需要去理解經文，而是因為念經文把心安定下來，達到安心的作用。而且，靈界的眾生，因為聽到誦經，讓他們得到佛法，靈體得到安慰後，也能將心安定下來；甚至，會來護持念經的人，這就是誦經的好處及功德。

3.念佛：佛號本身就是代表佛的精神及力量，它為我們帶來安定、安全、希望。同時，念佛之人有一種願望，希望求得什麼或避免什麼；念佛念到心清淨時，就會開智慧，自然容易得到感應。如果養成念佛菩薩聖號的習慣，遇到災難時也能靜下心來安心念佛，所受的災難自然會減輕，而逢凶化吉的機率相對也會提高。同時也能以念佛功德，迴向親友及一切眾生，這便是助念了。

4.打坐：打坐的時間較長，最好有人指導，否則，會因心理、生理上產生幻景、幻覺的反應現象時，不知如何處理而增加麻煩。正確的打坐，能夠使心安靜，了解自己心理的活動，對自己所做的判斷正確。因此，打坐再加上佛法觀念的指導，能夠產生禪定和智慧的功能，這時候，慈悲心也會增長。

今天的社會，需要的是什麼？是安定的力量。而安定社會，是需要從安定人心做起；安心，必須用佛法的觀念、佛法的信心、佛法的實踐，如此，社會自然也會安定了，世界自然也就和平了。

在臺灣，我們正在建設法鼓山，法鼓山做的就是推廣佛法的工作，我及我的數十萬弟子們都是用這樣的觀念在幫助自己、幫助他人。我們每月有一份刊物叫《法鼓》雜誌，如果諸位想要知道我們在做些什麼，可以按月寄來；同時，也可以在英國倫敦推廣、推動我們的理念。

今天非常謝謝諸位的光臨，祝福大家，萬事如意。

（一九九五年六月十一日於英國倫敦 Haverstock School hall 演講，姚世莊居士錄音帶整理，刊於《人生》雜誌一五八—一五九期）

在家居士的修行

今天要跟諸位菩薩介紹佛法之功能。釋迦牟尼佛的目的就是要使得我們生活得很清淨、很精進、很快樂；但是清淨、精進、快樂，是不是一定要出家，一定要住在寺院才能辦得到呢？不一定。住在寺院固然容易一些，然而出家的人究竟只有少數，大多數人還是在家人。因此佛度眾生不是只為少數人，而是為了一切的眾生。

我們要用釋迦牟尼佛所說的方法與觀念，方法是讓人去體驗的，而觀念則是一種義理、一種道理，這個道理是有它的根據，可以使人得到經驗、體驗以及理解。因此，修行人或者是學習禪修之人，都不離開觀念之釐清以及方法的活用和實用。所以不論是在家人或出家人，只要在生活之中能得到離苦得樂的利益，苦就是煩惱，煩惱就是塵埃，塵埃不是灰塵或者塵土，而是我們的心在塵埃裡是模糊不清的。看不清自己，也看不清環境，對自己的心無法掌控，所以受到自己身心狀況的影響，也受到環境裡種種現象的變化而痛苦，這就是塵，就是煩惱。因此，我們要用修行的觀念來看待自己的身心狀況，如何來對待我們生活環境裡所給予的衝擊。能看得清楚，煩惱就不會生起，煩惱的塵埃不會使得我們身心混亂；看不清楚，對於世間之事以及自己的身心狀態就會有問題了。

在佛的時代，有一位外道修行人認為自己的修行工夫非常深厚，對自己以及自己所處之環境能夠作主；他是自己的主人，也是環境的主人，所以他有許多的徒眾追隨著他。釋迦牟尼佛問他是否能做得了自己的主呢？他說：「沒問題，我不但能做自己的主，也能夠指揮許多的人，甚至能夠使整個環境變化，變得跟我心裡所想的一樣。」他的意思是說他是有神通的。佛說：「一個國家的國王，對於犯錯、犯法、犯罪的百姓要給予坐牢或者是受刑罰的處置；對於有功、有貢獻的百姓就會給予賞賜。這個國王對於這個國家的人民以及國家的財物，是有絕對自由的支配權。可是你的身體會感冒、會咳嗽、會痛、會癢、會飢餓，所以你對你的身體是沒有辦法完全作主的，對不對呢？」這位外道覺得佛講的話很有道理，他本來以為他已經可以完全做自己的主人了。

煩惱的原因

我們之所以會有煩惱的原因，在理論上講，從我們的身體出生之後它就是有障礙的，不自由的。想去遠的地方，體能辦不到；想飛上天，又飛不上去；想拿很重的東西就是拿不動，即使是練工夫的人，體能也是極為有限的。我們不可能無限地指揮身體去做這些做不到的事情，因為身體本身就是不自由的。諸位到農禪寺來，如果不坐交通工具，一步一步地走來，雖然也能到達，所花的時間就很長了。譬如我剛才從金山到這裡，一路上就是不得自由，因為今天是星期日，又是母親節，到北海岸玩的人還真不少。到小坪頂時，我們前面的那一輛車是以遊山玩水、欣賞風光的心態在開車，他不管別人，就是慢慢地開、慢慢地開，我們也沒有超車，就在他的後面慢慢地跟著，在感覺上就是不自由的。如果催他開快一些，他可能會不高興，然而他開得那麼慢，阻擋了我們的路，我們也不會自由。因為有身體在，在任何狀況下就會有阻礙，不自由、不自在。但是心如果能夠轉變，前面的車在看風光，很好，我們也可以藉此機會慢慢地跟著看風光，雖然要趕到農禪寺講開示，就算晚一點也不要緊，諸位還可以多一些時間打坐，這不是很好嗎？能這樣想，心裡就不會有問題。雖然自己以及環境的障礙仍在，可是心念一轉，煩惱就不會存在。

因此，一般人的日常生活裡的修行，是要用觀念來調整心態，用方法來平衡自己、消融自己。例如我們剛才車子塞在公路上，即使按喇叭也沒有用，心裡再著急也沒有用，此時就可以用方法來平衡自己。專注的念觀世音菩薩或者〈大悲咒〉，看看停一次車能夠持幾遍〈大悲咒〉，有這樣的因緣可以持咒不是很好嗎？其次，也可以用體驗呼吸的方法忘掉環境，只知道自己是在數呼吸，在體驗呼吸，雖然不一定是盤腿坐著。就這樣坐在車內念〈大悲咒〉、念觀音菩薩、念阿彌陀佛、體驗呼吸，將大腦放空，前面的車子動你再動；車子不動，就利用時間放鬆、放空，正好這是一個修行的好機會。能夠如此觀想，塞車時就不會覺得煩躁或時間難過，我想大家在趕路時都會有這種塞車的經驗。這就是在生活之中用觀念，在生活之中用方法。

從煩惱中解脫

釋迦牟尼佛成佛之後，先說出「法」；延伸法的道理，稱為法義；然後在生活之中能夠活用、能夠實用，這是學佛的三連鎖。什麼是法？譬如苦、集、滅、道四聖諦法，是佛開悟之後從佛的智慧之中流露出來的解脫法。苦、集、苦滅，以及滅苦的道，延伸其理論及道理，則為法義，這就是教我們在日常生活之中修行佛法的方法和次第，然後才能得到解脫。對諸位來說，解脫似乎是很遙遠的事，能一次解脫就永遠得解脫，這是聖人。我們只要在日常生活之中懂多少法，了解多少法義，能夠實踐多少佛法就能得多少利益，也就是減少了多少煩惱，並不是一解脫就不會再有煩惱了。聖人的解脫是已經沒有煩惱，而凡夫修行的解脫，則是少一些煩惱，有煩惱時可以化解它、消融它，這就是得到了佛法之利益，這也是解脫。但是這種解脫並沒有像羅漢、菩薩那樣徹底地解脫，而是減輕一些煩惱。許多人學佛一輩子，並沒有開悟，並沒有真正從煩惱完全得解脫。然而用佛法的觀念與方法來修行，可以幫助我們減少煩惱，一時用，一時得解脫；時時用，時時得解脫；愈用得精進，愈是能夠得到利益。

我最近看到一本郝明義所寫的書，書中寫到他的太太害了癌症一百零八天，這一百零八天他是怎麼過的。他本來並沒有宗教信仰，由於他的太太害病，有人給了他一張〈大悲咒〉，他看不懂那是什麼，也不知道有沒有用，就拿來念著試試看。第一遍，很生疏，再念第二、第三遍，愈念愈純熟、愈熟練，愈念他的心愈專注、愈投入，而且有很強的感應。所以他在書內提出了一個心得，有的人念〈大悲咒〉沒有什麼效果，他念〈大悲咒〉卻靈得很，效果很好。這也就是說他念〈大悲咒〉時，是全心投入地念，不是胡思亂想、三心二意地念，或者帶著懷疑的心在念。他完全投入，無所謂懇切不懇切，就是一直念下去，念到流著眼淚，念到渾然忘了自己，自己跟咒已合而為一，他變成咒，咒就是他，很靈驗、很有用，所以他那本書就是勸人念〈大悲咒〉。同時在書後也印了〈大悲咒〉，希望讀者們也都能來持〈大悲咒〉。因為他相信只要全心投入持誦〈大悲咒〉，一定會有幫助的。

生活清淨煩惱少

所謂實踐佛法，就需要有信心而精進，精進的同時還要清淨。不論是在念佛、念觀音菩薩、念〈大悲咒〉、打坐，生活要非常清淨，不能靡爛，在佛法裡稱之為持戒。持戒不是為了什麼目的而持戒，只要持戒，生活就會清淨。持戒是不殺生、不偷盜、不邪淫、不妄語、不飲酒，生活能保持這樣的原則與規範，那就是清淨的生活。有了清淨的生活，我們的身體就不會亂來，往往聽到人說逢場作戲，那就是在正常的生活之外有不正常的生活。生活清淨是為了自己少煩少惱，離開清淨生活，煩惱自然就會跟著來了。

戒、定、慧三無漏學，持戒之後就要修定，定是心不受刺激和誘惑。像剛才講的，塞車的時候心裡頭一定很煩，就要練習著用方法把心安定下來。發現有煩惱就表示沒有智慧，沒有用觀念來調整自己，沒有用方法來幫助自己。天下本無事，庸人自擾之！庸人就是沒有智慧，就會受到環境和自己的身心影響而煩惱不已。有智慧的人不會起煩惱，不會受環境與身心的影響、刺激、誘惑，自己一方面是清淨的，一方面是精進的，這就是在家居士的修行。

諸位菩薩來參加禪修營，就是要練習著用佛法來幫助自己，幫助自己消煩惱，幫助自己解脫煩惱。

（二〇〇七年五月十三日講於北投農禪寺「社會菁英禪修營第五十五次共修會」）

佛法的三個層次：信仰、理解、實踐

——從信仰入手、明因果到超越

從信仰入手

佛法有三種層次，第一種是信仰的層次：有信仰的人心裡會有一種歸屬感，好像有了靠山，得到一種力量的支持。在信仰層次的人，不需要懂太多的佛法道理，也不需要實踐的工夫，只要相信，就會得到平安；有信心，就能讓自己安定下來。好比自己本來很惶恐，可是有了信仰以後，會產生安定的力量，惶恐或恐懼的心就會減少。在佛教的信仰種類中，有觀音菩薩信仰、阿彌陀佛信仰、藥師佛信仰和地藏菩薩信仰等。

第二種是理解的層次，就是知道佛法的道理，了解人世間是無常的，是有因果的，而且是需要因緣配合的。所謂「因果」，指的是事情彼此、前後有因果關係，但因果是不是那麼直接、那麼單純？當然不是，因此佛法說：「因果不可思議。」

因緣的配合

因緣的配合是指因緣成熟了，事情就會成功；如果因緣不成熟，縱使再用心、再努力，事情還是無法成就的。因為主觀的「因」充分了，已經準備好了，但是客觀的「緣」，也就是條件不能配合，結果還是事與願違。

因緣是從因果關係產生的，而因果是以過去世、現在世、未來世綜觀來看，如果僅僅單從這一世來說，有些因果是講不通的。

前天，有一位住在安寧病房、法鼓山合唱團的團員，她知道自己快不行了，但是病情卻一直拖著，身心感到很痛苦。原來是因為她有個願望還沒完成，就是希望能跟我講講話。我知道了以後，就撥電話給她，在我和她通完電話後，隔天她就過世了。

那位團員種了個因，也就是希望與我講話，沒講到話之前心願沒有了；講完話以後，心願達成，受的苦了了，這一生也就沒有遺憾。如果緣不成熟、不配合，例如我沒辦法跟她通話，就是緣不成熟，那麼果是不會結的。當然，她最後還是會往生，但是心中帶有遺憾，也許還要多受點苦才會過世。

因果或佛法的道理看似很深奧，有人將佛法當成存在論，有人當成是道家的一種思想，也有人當成自然哲學，事實上並不需要。一般人很容易被深奧的理論、哲學思辨困住出不來。

為什麼會產生這樣的情形呢？因為佛教是釋迦牟尼佛創立的，但是佛涅槃後，後人無法追究佛教的哲理到底是什麼。其實佛法除了信仰之外，只要知道佛法的因緣與因果，就會很受用。

緣，不能只是等待

所以，對於成功不用太得意，若是失敗也不用太悲傷。不過，還是要加上自己的努力，因為不努力，因果的「因」就沒有了。只要盡力了，主觀的條件具備，即使付出後，客觀的條件沒辦法配合，還是能心安理得，這即是「因緣論」。

所謂「種瓜得瓜、種豆得豆」，但是否一定是這樣呢？不一定。種瓜不一定得瓜、種豆不一定得豆，如果天不下雨，農作物就乾死了；但若是老是下雨，農作物也會淹死，變成種瓜不得瓜、種豆不得豆。那麼不種瓜、不種豆，是不是可以得到瓜、得到豆呢？當然更加得不到。所以在因緣中，自己所能掌握的「因」必須先具備。

有的人面對因果，是用等待的態度，心裡想著：「我的因緣還沒有成熟，所以我在等！」因緣是要自己主動去掌握，不是被動等待，必須加強「因」的部分。無論在什麼情況下，要能夠先把自己的「因」準備好，然後待「緣」。當然，緣也要我們主動促成其事，緣不是被動等待的，如果條件不夠，就要想辦法加強，那麼緣也就會成熟了。所以「因緣」這兩個字，因就是「因」，緣有時候也是「因」，要自己去努力促使它成熟。

因是主觀的，緣是客觀的。緣不一定是助緣，有些是逆緣。緣是自己控制不了的，我們只能夠從因著手，充分準備。順緣來了，當然好歡喜，但是有時順緣卻可能變成逆緣，這就是因緣不可思議。為何順緣會變成逆緣？順緣來的時候，它本意沒有要變成逆緣，但卻成了逆緣，連緣本身也沒辦法控制。然而，修行會讓我們的頭腦出現正面念頭，如果不修行，頭腦裡出現的負面念頭，就會把許多順緣變成逆緣。佛法所講的第二個層次，是從理論到理解，然後加強我們人生觀的正面性、正確性，這樣才能掃除佛教一向給人很消極、很負面的印象。

實踐，就是調心

第三個層次是實踐，也就是佛法所說的心法，尤其禪更強調心。從釋迦牟尼佛時代開始，佛法即是心法，心法是什麼呢？就是調心。了解因果與因緣，是從觀念上來調心，不過單是從觀念下手是不夠的，還要從實踐來調心，要把念頭調柔、調和，把剛強的調成柔軟的、懦弱的調成勇敢的、愚蠢的調成有智慧的。

例如參加法鼓山舉辦的禪修，我們教人調心的方法，可以從呼吸調起、從觀聲音調起（觀世音菩薩耳根圓通法門），以及從觀身體的感覺調起。因為人心是浮動的，很容易引起情緒波動，所以先要把心安定下來。

而心要安定在哪裡？一是安定在身體的動作、感覺上；進一步，安定在環境裡各式各樣的事物上；再深入，就是安在我們的念頭上。念頭出現時，通常自己是不知道的，因為人們常常是浮躁的、情緒性的，導致不清楚自己的念頭變化。

例如有人在慌亂或情緒波動的狀況中，講出來的話連自己都控制不了，講完之後，才知道自己到底講了些什麼。如果我們能夠隨時將心安在自己的念頭上，就不會有身體動作的出軌，更不會有語言的出軌，甚至連心念也不會出軌。

我們剛開始用方法時，一定要「有所住」。注意我們的心念，也就是覺照心念，那是「有所住」的最高層次，其次是覺照呼吸，最後則是覺照身體的感覺、環境。

就像我們看一片樹葉或一塊石頭，就一直看下去，不要轉念，這時心是安定的。但是人通常安不住，頭腦一下子又轉了起來，念頭就出來了。所以最好的方法，就是先安於呼吸、安於外境，然後再安於念頭，這雖然很難，但還是可以練習的。

我常教人試著看自己的手指，看看頭腦裡能多久不出現其他的雜念、妄想。我的經驗是大約只能維持兩秒鐘，第三秒就出現其他雜念了。注意動態的呼吸，把心安在呼吸上面，這是第一步。然後第二步是注意身體，身體會有痛、癢、麻，或是舒服、不舒服的感覺。練習去感受，最後癢或痛等等感覺沒有了，身心就安定了。

超越，超越自我中心

實踐也是有層次的，最高的即是《金剛經》的「心無所住」，也就是超越我們的自我中心。超越自我中心是不容易的。在我指導的禪法中，有一種次第是自我肯定、自我成長和自我消融。自我肯定屬於信仰階段；自我成長是實踐安心的階段；自我消融則超越了自我中心。

超越自我中心也有不同的層次。有的雖然是超越自我中心，但卻是否定自我。譬如有人放下一切，將家庭、名望、事業、財富、社會地位全放下了，好像很輕鬆，其實不然，而是落空、空虛。就像一個人什麼事情也沒有時，其實很空虛，但是自己不知道。他連自己是誰、在什麼地方、生活的目的是什麼都不知道。

在修行上是有這種層次。但是這個層次好不好？好，也就是說一點負擔都沒有，內心沒有負擔，心外也沒有負擔。對自己沒有負擔，是非常快樂的事，但這是不是佛法呢？不是。這樣子就變成非常消極，認為什麼東西都不需要，什麼東西都沒有了。那要不要吃飯呢？如果有人連身體也不需要，那他就不吃飯，形同自殺，若是連生活所需都不需要，那一定會死掉。人要輕鬆，是要學習放下，這是在修行的第二階段，開始學習放下身體痛，不要注意它；頭腦不複雜，不要想它，放下念頭；到真正超越自我時，是一無所有，也沒有內外。但要注意的是，這很可能還是會變成落空、空泛、空虛。所以超越有兩個層次，第一個層次是消極的，擺下了一切，什麼都不需要。

超越的第二個層次，也就是我寫過的一幅字——「放下萬緣時，眾生一肩挑」。「放下萬緣」，是說個人什麼事也沒有，即是禪宗講的「無事人」，心中無事，心外也無事。對自己來講已經沒有事，但是要度眾生的悲願是存在的，也就是《金剛經》的「應無所住而生其心」，「應無所住」是超越，是消極的，心應該還是有，即是「應無所住而生其心」的「心」。這個「心」是什麼心？是智慧心、度眾生的心。

一般凡夫的心是執著心、煩惱心、愚癡心，但是佛的心，是純粹的智慧心。智慧心不是自我中心的私心，而是以眾生的苦難為責任。「眾生一肩挑」，是指雖然我個人沒有事情了，但是我要度眾生，因為眾生的苦難還在，也因此我寫了這幅對子。

也許有人會說《金剛經》不是講「無我相、無人相、無眾生相、無壽者相」嗎？而說要度眾生，就又落入分別相，這樣不是自相矛盾？《金剛經》雖然看起來矛盾，但是經中也講到「我……」、「如來……」。如來是不妄語的，他是真語者、實語者、如語者、不誑語者、不異語者，都是肯定的。如來要不要度眾生？如來本身沒有度眾生。如來若是想要度眾生，那他還是執著。因此《金剛經》說沒有一個眾生，何來度者？

但是「如來」究竟是指什麼呢？「如來」就是「如去」，等於沒有來去。

如來，以眾生來講是有的，以其自身來講是沒有的；那麼如來究竟在哪裡？其實如來是不來不去的，他是如如不動。什麼東西如如不動？任何一樣有形的東西、現象都是變動的，只有如來的真如、妙性，尤其空性是不動的。換句話說，他是在無限的宇宙之中、在空間和時間之中，不占位置，但是因緣需要他出現，或是感應他出現，他就出現。

從因緣來講，主要是在眾生這邊，而不在佛那邊。「因」是眾生需要求得怎麼樣的幫助，「緣」是佛的幫助、菩薩的幫助。佛菩薩是不是要度眾生？沒有，而是眾生要得度。這樣講起來好像是矛盾的，實際上一點都不矛盾，因為這是不同的層次。以這一點來說，第一種信仰的層次非常有用。

回歸信仰，回歸正念

今年（二〇〇八年）法鼓山的重點工作是「好願在人間」，希望人們能夠多結人緣，多說好話，多做好事，多幫助人。但是，同時還要具有智慧，沒有智慧，會讓多做好事變成做壞事、多說好話變成說壞話。然而，要有智慧，就要修行。

一個人的心念要正，佛法講正行，正行包括語言要正，也就是正語、正業、正命、正見、正思惟、正精進、正念、正定，即是八正道。用八正道來做事的話，得到正面的效果會多一些；如果邪念多、邪見多，一時之間可能得到效果，但最終不會有好結果。

現在，臺灣有不少人心念不正，其中有的是宗教師、有的是政治人物、有的是商人等。我曾經勸勉政治家要誠信，但是政治人物誠信難保！有時候，政治人物想要誠信，但是卻變成不誠信，連自己也沒辦法掌控。然而，誠信要從客觀面還是主觀面來看？如果從主觀面看誠信，智慧比較容易出現，若是心裡常常藏有惡念，智慧就不容易出現。貪、瞋、癡是煩惱，而戒、定、慧是解脫，是無。

不過，我給政治人物的建議，一般來說不容易被接受。有一次，一位某政黨的高層，因為競選而來看我，我與他分享佛法的觀念「提得起，放得下」，成功非常好，要追求成功；但是如果失敗了，那也是沒有辦法的事情，不必痛苦。可是他認為我提到失敗，會讓他倒楣，因為無論到哪裡，人家都祝賀他成功，所以也希望我只要祝他成功就好了。當政治領袖只想到成功，不願接受失敗，也不願預見失敗的結果，那會很糟糕。事實上，無論勝敗都要盤算，當勝選的可能性大一些，落選的可能性就減少。

超越，就是「應無所住而生其心」，像禪宗六祖惠能就達到了這個境界。當達到這個境界以後，是不是就不再退失？多半的禪師雖然開了悟，卻不敢說自己是佛，原因是什麼？因為境界可能會退失，所以要繼續修行、繼續懺悔、繼續精進。換句話說，開悟經驗是修行的過程，有了這種經驗後，執著會比較少，煩惱也少一些。

這些開悟的大師，知道世間無常，仍有六道輪迴，好比人們常常遊走於天堂和地獄，而大師們也去天堂和地獄，但是心無所住。有人問趙州禪師死後到哪裡去？他說去山下做一條牛。他的徒弟說也要跟他一起去做牛，禪師回答那可不行，他做牛是去做牛，但是那位弟子做牛，卻是去吃草。

許多宗教只停留在第一個層次的信仰，例如天主教、基督教便沒有佛教的第二、第三個層次，所以相形之下很單純。例如最近我和樞機主教單國璽有一場對話，我講到生命觀時，主張還是要修行，要有心靈的轉化。而單樞機主教說他只有禱告，對於心理層面的轉化，就是相信天主在心中。比如他生病了，如果天主讓他活，他就活下去，活在天主心裡；如果要他死，他就死，那也是回歸到天主的懷抱。因此，許多人認為天主教或其他宗教信仰比較單純與簡單，而佛教信仰顯得很複雜。

以修行來看，其他宗教是以神為唯一，追求與神的統一，亦即「人神統一」，例如印度教追求歸於神我（梵語是atman），並認為人出生時，是從神身上的某部位生出的，死亡時，也就回歸於神。至於要如何完美地回歸到神那邊？因為在世時，人不夠完美，所以必須好好修行，運用禪定、瑜伽等方法；天主教也有其修行的方法，例如閉關等。佛教則是無神論，沒有創造者，強調眾生平等、人佛平等，人人皆可成佛。

超越，真正的放下

超越是放下，回歸到現實來說，就是超越自我的煩惱。當人執著時，想要的總是非得到不可，但是無論得到或得不到，都會產生痛苦。超越的態度，應該是有也好、沒有也好——我不追求、不爭取、不占有，但是我依然奉獻。其實，奉獻得愈多，自己得到的也愈多。

人與人、夫與妻、族與族、國與國、宗教與宗教之間，都需要建立全球共通的倫理，彼此要去承認、包容與接納別人。舉例來說，有兩家包子店，都以包子聞名，彼此之間雖然競爭，但不能產生仇恨心，當有客人問哪一家的包子好吃時，他們應該回答：「兩家都各有特色。」良性的競爭不是壞事，彼此會有督促的進步力量，才會盡力去做得更好；而惡性的競爭會變成敵人，內心充滿仇恨，彼此都痛苦。

另外，中東的衝突舉世皆知，以色列與巴勒斯坦是世仇，因為不能和解所以無法共生。我曾經去過以色列與巴勒斯坦，我也見過雙方的領袖人物，希望他們彼此包容，但是他們都要對方先包容，巴勒斯坦要求以色列的包容，是希望以色列人搬走，而以色列人也抱持同樣的想法，所以無法和解。

我目前正在推動「心六倫」運動：家庭、校園、生活、職場、自然與族群倫理，內容包含儒家的倫理，但是內涵與範圍更廣泛，讓現代人更容易接受、實行，而這也就是我所提到的第三個層次——實踐。

（二〇〇八年四月三日講於臺北中正精舍）

編案：二〇〇八年四月三日，前民主進步黨主席謝長廷先生及前總統府祕書長葉菊蘭女士及前民進黨祕書長李應元先生，一同至中正精舍拜會聖嚴法師，法師以落實心靈環保的三種層次「信仰、理解、實踐」，與一行人分享。

青年學佛的三條件——信、願、行

諸位法青會的海內外代表，這次在高雄的聚會，我無法親自與諸位見面，只能藉著錄影，與諸位分享青年學佛的三條件——信、願、行。

之一：信

信，有不同的層次。一種是「仰信」，就是「信仰」的倒置詞。「仰信」的意思是說，自己尚未接觸佛教，可是從周遭的親戚朋友身上，或者看到社會上一些具有影響力、令我們尊敬的人已經接觸、信仰佛教，而佛教信仰確實幫助他們擴大生命的襟懷，把人生提昇至另一種境地；因著這些示範的影響，相信佛教是不錯的，也就跟著一起隨喜佛教、接觸佛教，這叫作「仰信」。

其次是「解信」，是藉由閱聽媒介的管道，獲得佛法的訊息，從而建立佛教的信仰。譬如有人透過閱讀書報雜誌，或者經由各種媒介的傳播而接觸佛法，覺得佛法很有道理，也很契合自己現階段對於生命的思索，別具啟發，因此願意接受佛教，進而探索、信仰佛教。

第三種是「證信」，就是信仰佛教以後，漸漸感受到佛法帶給自己的改變與成長；或是隨著同儕友人參與佛教的團體，參加各種活動，例如諸位參與法青會，而從活動之中，感受到佛法不可思議的力量，因此更堅定佛教的信仰。

以上這三種層次，不論從哪一門入，「信心」非常重要。但一開始，不一定由「仰信」開始，也不一定從「解信」進入，實際上，有人根本沒有通過這兩種歷程，而是從參與活動中建立對佛教的信仰心，直接進入「證信」的層次。「聖嚴教育基金會」有一位董事，任教於大學，她原來是一名基督徒，後來因為參與法鼓山的義工活動，覺得做義工很有意義，也從做義工的過程中聽到佛法、受益於佛法，漸漸建立起對佛法的信仰心。現在她是法鼓山非常熱心的一位護法居士。這是屬於「證信」的一例。

之二：願

學佛，一定要發願。發什麼願？願，有近程、中程和遠程之別。短程的願，就是近期之內，自己希望完成某一項願心，而把願心當努力的目標。譬如諸位現在參加佛教團體，希望短期內能達成某一項任務而全力以赴，這是屬於近程的願。

中程的願，是指對某一段時期的奉獻規畫。譬如接下來的一段時日，我打算要學佛、做義工，或者加入義工團體，並且全心投入付出。這是屬於中程的願。

還有一種是遠程的願，遠程的願是無限廣大的，它沒有一個固定的目標，也沒有一個既定完成的期限，就是鍥而不捨地投入，持續地做下去。譬如我們有一些信眾，他們做義工，做什麼都可以，就是抱持一個願心：「有什麼地方需要我，我就去做；沒有人做，需要人做的事，我來吧！」這是遠程的願。遠程的願就是大願，是這一生之中永遠不會改變的，如法鼓山有什麼事需要我，我會全心全力奉獻，永遠願心不退。

其實，做義工的好處非常多，比起僅僅是上課、聽講、參加活動的收穫更豐富。因為做義工的時候，自己就是參與主導的人，自己就是指導者、擔任領導的老師，這便是教學相長，一邊指導人、協助人做義工，同時自己也在做義工。在這種情況下，我們學習的面向更寬廣，收穫的心得也愈豐富。

之二：行

行，就是實踐。在佛教來講，學佛修行菩薩道，可從二門進入。一種是靜態的行，比如打坐、誦經、拜佛，這是一邊開發智慧，同時增長慈悲心，也稱為智慧行。另一種是動態的行，也稱為福德行，就是專門為人服務、為人奉獻、為人照顧，而為了要照顧人、服務人，對社會有所貢獻，自己不得不充實，在知識、能力與品德上都必須提昇；因此雖是修福德行，實際上是福慧雙修。如果僅僅是參加念佛、打坐、拜懺，或者聽經演講，雖然也能夠成長，可是成長的空間有限，一定要走入人群，為人奉獻、付出，這樣的成長才是最踏實的。

有一位居士，初來法鼓山不久，我們就請他擔任小組長、小老師。他說他什麼也不懂，怎麼能當小組長、小老師？我告訴他：「你當了小組長，自然就會；做了小老師，自然就懂。」他問我什麼意思？我說：「一方面，我們會告訴你怎麼做；另一方面，你看著別人怎麼做，跟著學也就會了。」他聽了以後覺得有道理，也願意試試。現在他是我們團體裡奉獻非常多、常有大用的護法居士。只要願意承擔，樂於為他人奉獻，自己的成長是最多的，得到的利益也是最深刻的。

以上，我把「信、願、行」這三個字奉獻給諸位，也期待諸位法青會的幹部都能具足這三種條件；這三個要件，缺一不行。最後，祝福大家在這次的成長營裡，有更多的成長、更深的體驗，來日一起為法鼓山「提昇人的品質，建設人間淨土」的理念而努力。

祝福大家平安、健康，阿彌陀佛。

（二〇〇七年十二月三十一日高雄大岡山「全球法青種子培訓營」錄影開示）

般若的修行方法

般若波羅蜜是屬於六度中的最後一項，六度即為布施、持戒、忍辱、禪定、精進、般若。首先我們要知道般若翻成中文的名字是什麼，再逐項來介紹般若的意義、定義以及般若的種類；最重要的，是如何用般若的修行方法，使得我們也能產生般若的功能。

般若之名

般若的梵文為 prajna，通常翻成中文的時候，被稱作「智」和「慧」，但也有的地方只是翻成慧。慧和智是不大一樣的，慧的意思，是根性很利，頭腦非常清楚而無執著。而智則是能產生其功能，當自己面對煩惱、困擾等所有的狀況時，能夠恰到好處地來處理、來解決，這就稱之為智；因此，「慧」是般若的體，而「智」則是般若的功能。事實上，智慧這兩個字就是般若的意思。

般若，還有另外一個意義，翻成中文稱它為「明」，這個明是無礙自在的，這不一定只是光明的明，而是徹頭徹尾徹底的透明。此外，般若又稱之為靈敏、黠慧，就是非常地敏捷、敏銳、靈活。

般若的定義

般若是由修行四聖諦、八正道、戒定慧三學、六波羅蜜等道品，而顯現出其真實的智慧。這些道品的名詞，對於初學者來說，也許聽不太懂，但是沒有關係，慢慢地，自然就能聽得懂了。

智慧就是般若，這在佛法之中是非常重要的，釋迦牟尼佛曾經這麼說過，即使修行了一切的佛法，如果缺少了智慧做為指導的話，那就不是佛法了。譬如說布施、持戒、修禪定，如果沒有正確的智慧來指導，那是世間法，又叫作世間的善法。這種善法可分五戒十善的福德業及四禪八定的不動業，修了福德業就會在人間、天上，享受到欲樂的果報；修不動業的四禪八定，能夠生到色界、無色界的禪定天上。但這兩種並不就是得了解脫，當福報享盡，定力退失之後，又會回到我們目前所處的環境中來了。因此，僅修世間的善法不是究竟的，正確的佛法是在修任何的法門時，都不能離開般若的智慧做為指導之原則。

那什麼是般若智慧的指導原則呢？就如《雜阿含經》裡所講的「此有故彼有」、「此滅故彼滅」。因為有了這樣，所以另外一樣就出現了；如果這樣沒有，自然那一樣也不會發生了。這個意思是很簡單的，指的就是因為有煩惱的無明，種種心理行為、身體行為、語言行為就出現了，行為出現之後，就要對行為負責，於是產生了結果，在結果之中又產生了另外的行為，如此繼續不斷地輾轉下去，就變成了一個連鎖，這個連鎖，就稱之為生死的流轉。在流轉中，就有了苦的連鎖，這就是「此有故彼有」。

「此滅故彼滅」，是說煩惱的根本叫作「無明」，無明滅，生老病死、憂悲苦惱自然全部都滅了。因此，必須要修各種各樣的道品，而顯現各人本具的智慧，智慧的完滿便是成佛，所以智慧稱為「三世諸佛之母」。智慧，是絕對的抉擇和判斷的能力，能照見構成眾生五蘊身心的自性皆是空的，便是甚深的般若智慧。

般若的分類

般若這個名詞的內容，從不同的角度、不同的功能來看它，就有不同的名稱。般若分別有二種、三種以及五種等三類的分類法。

（一）二種般若又分有三類：

1. 共般若及不共般若：

共般若：是從釋迦牟尼佛的智慧裡，告訴一般大眾的般若法門。這是對根機較鈍的人所共同說的，包括了聲聞、緣覺、菩薩等三類。當然，我們普通人也是鈍根，所以也是非常有用。

最近看到報上刊登了一項消息，有一個十六歲的西方少年，已經得到博士學位，並且在十七歲就準備到大學去教書，他就是利根的人。但是他並不是對小學、中學以及大學課程都不要或者不知道，不但不會這樣，而且是知道得很清楚。這個例子，可比喻說這位少年的頭腦裡有共般若及不共般若；也就是說他有普通少年的學問以及屬於大學研究所的專門學問。因此，佛對鈍根的普通人，是說共同的般若，佛對利根的人則另外說了不共般若。不共般若裡邊也一定包含著共般若的。

人是由五蘊及十二因緣構成的，十二因緣是從時間上的我來分析的，五蘊是從空間上的我來說的，五蘊的「色」蘊是色身、是肉體，是屬於物質的，而「受、想、行、識」四蘊則是心理及精神。時間上的我，是由於十二因緣的三世循環，有了過去世的無明之後，便有行為的業，有了前世的業，便受今世的入胎出胎的名色、六入，而有觸、受、愛、取等行為，也有了生死的果報和另造新業，便有未來世的出生乃至死亡。由此可知，除了五蘊及十二因緣，便沒有我。

不共般若：這是佛為利根菩薩說的大法。告知大菩薩們，五蘊、十二因緣構成的我當然是空的，小乘聖者的涅槃亦非真的有，菩薩行者要不貪戀生死，也不貪著涅槃；菩薩摩訶薩雖然一向住於涅槃，為了拯救眾生的眾苦，則可隨時現身隨時應化，故能自在於生死，便是大解脫，此即是與三乘人不共的深般若。

大乘的不共般若也講生死，並非說無明可怕，就離開無明，沒有了生與死，而是不受無明煩惱之影響，還能在生死之中自利利人。沒有考量到個人的得失利害，也不管與我是否有關係，只要是一切的眾生需要我做什麼的時候，我就能恰到好處地來為他們提供服務，解決困難。困難就是自我中心的一種矛盾，當放下自我中心的矛盾時，就不會有衝突這樣的事了。譬如說夫妻兩人，不管是哪一方，只會想到了將自己奉獻給配偶，成就對方以及孩子們的利益；若能將奉獻的範圍擴大，成就所有的人，不為自己求安樂，但願眾生得離苦，就是菩薩精神，行的菩薩道了，也就是大乘的不共般若。

原則上，共般若是主張厭離生死的，希望離開這個身心所處的世界環境，因為身心與環境都讓我們感到困擾。而不共般若則是既不貪戀生死中的欲樂，也不會厭離生死之中的身心與環境，其本身就是一種解脫。因為世間是成就菩薩道的大福田，能不離開世間而能得解脫，即使解脫了，也不一定要離開世間，這就是大乘的智慧。

2.實相般若與觀照般若：

實相般若：以所觀照的般若智慧，實證諸法實相，便是實相般若；也就是一切事物的理體，本來就是不生不滅、不來不去、不垢不淨、不增不減的。不論是否有智慧，是否開悟了，實相般若本來就是在那裡的，只是愚癡的凡夫不知道而已，因為它是無有定相也是沒有動作的，等你開了智慧之眼，便會發覺實相般若本來就是現成的。

觀照般若：以能觀照的般若智慧，觀照五蘊是空，所以不起煩惱，而度一切空，名為觀照般若。就是說，沒有用一定的自我主見來看所有的人、事、物，而是用超越於主觀及客觀的純智慧來看所有一切的人、一切的事、一切的物，各是其是，各得其所；因此，觀照般若雖無自我中心的執著，卻是有其無限功能的。

3.世間般若與出世間般若：

世間般若：是世俗的、相對的智慧，是有漏的、有為的智慧。世間法是人與人之間互動的現象，在日常生活中運作的時候，一定是有人、有我、有事，彼此有著互動的關係，這是以有自我中心的立場來處理事情，解決問題的智慧。

出世間般若：超世俗的、絕待的智慧，是無漏的智慧。所謂絕待，是不以日常生活中所互動的關係為目的，而是以不會產生任何心理上、感情上的困擾和問題，為實證出世的般若，這是一種解脫，應該是在單獨修行時才能體驗到的，與人相處時，不以環境中的人、事、物為自己的對象。《大智度論》所說的一切智，即是出世間般若。

以上的兩種般若，世間般若並不一定是壞的，如果能以出世間的態度來處理世間的問題，其本身就是菩薩的世出世間般若，此即是《大智度論》所說的道種智。

（二）三種般若：實相般若、觀照般若、方便般若。

世間般若和出世間般若，事實上就是觀照般若，其目的是希望實證實相般若，而方便般若則是方法。方便般若是以推理判斷，了解諸法差別的相對智。這是要用語言以及經典說出來的，就像我現在所說的法，是根據佛經而來的，因此佛經是文字般若，實際上就是一種傳遞觀照般若方法的工具。

（三）五種般若：實相般若、觀照般若、方便或文字般若、境界般若、眷屬般若。這是前面所講的三種般若再加上第四、第五的二種般若，其實境界般若就是為了觀照般若而達成實相般若的所觀境，是做為般若智慧對象的一切諸法；隨伴般若的智慧，助成六波羅蜜的諸種修行者，稱為眷屬般若。

般若的修行方法

（一）練習觀想四念住的身、受、心、法，皆是暫有而非實有，便能不起煩惱執著。這是說要練習著知道觀想我們的身心現象及相關的種種，都是暫時有的，不是真實永遠不變的。

（二）練習觀想，觀想可分四類：1. 主觀，2. 客觀，3. 直觀，4. 絕觀（中觀）。

1. 主觀：是有自我中心的。首先要發心修行，無論是懺悔、禮拜、讀誦、布施、持戒、除惡生善，都是由自我中心的主觀立場開始的。我們都知道能夠客觀是最好的，但是幾乎每一個人都是主觀的，而且還不知道這是主觀。不過，善意的主觀，就是修行的下手處。有一次，有十幾個人開會要決定一個問題，雙方在決議的時候都爭執不下，而我是主席，我決定不投票，但是雙方都得到了相同的票數，於是他們要我也投一票，但是又擔心地說：「師父！您是不是客觀的呢？」我回答說：「假如你們相信我真的客觀，我應該光是看著你們好玩，也不必要我投這一票了。」

2.客觀：是以對象為立場的，例如修四念住，觀身、受、心、法，是相當客觀的，既有能觀的心，亦有所觀的境，賓主歷然，名為客觀。一般人所謂的客觀，並非沒有自我的觀點在其中，只是有些人很會宣傳、表達，能使他人覺得有道理，其實就是少數人的主觀，多數人的盲從，而成了所謂的客觀。世界上是沒有真正客觀這回事的。例如常常會有一些弟子們，拿了很多種稀奇的東西要我吃：「師父啊！我們已經研究過了，這個東西對老年人的健康非常重要，您是一定要吃的，這是我們大家的意見。」我說：「我是我自己呀！我清楚什麼能吃或什麼不能吃，不能吃的東西我不想吃，你們怎麼可以強迫我吃呢？」但是他們還是認為我是主觀地頑固不接受，而他們才是客觀地對我有益。請問他們是不是真的客觀呢？因此我常勸人，不要拿自己的鞋子強迫他人去穿。

3.直觀：是不給予說明判斷的。當任何狀況在你面前發生時，不要將自己的習慣、經驗、常識擺進去，譬如說：「啊，我看到了！啊，我聽到了！我知道！我不知道！我認為這個狀況就是這樣子的！」等等，都非直觀。而是要直接地接受，不給它名字，不給它比較，不給它形容，不要將既有的成見放進去做為判斷。頭腦中只須朗朗觀照，不用思索推想，便是直觀。此與直覺不同，不假思索，脫口便說出一個印象，往往摻雜有主觀的成見，所以不是直觀的修行方法。

4.絕觀（又叫中觀）：是超越於主觀及客觀，不執左右，也不執中間，稱為中觀；這也是自在運用的一種智慧功能。我們的常識、認知、經驗、技術是全部需要用的，因為它們是工具；但是不要將自己的私心立場放進去，而是清楚地了解對方這個人、這樁事，以及什麼樣的一種狀況，究竟需要以什麼來適應它、幫助它？這就叫作無我的智慧。是多了解、多互動、多溝通，然後以各是其是、各得其所的方式決擇判斷，這就叫作中觀。因為這不是主觀也不是客觀，絕相對、斷相待，所以又名為絕觀。

（三）般若的智慧是無我的態度。所謂無我的態度，就是不以自我偏好的立場，不以個人部分專業的立場，來看所有的事，而是以各種不同對象的立場為考量，用方法來處理事情。所以般若的智慧，不是習慣經驗的，不是學問知識的，而是無我的態度。

（四）以無私無我的態度，來成長慈悲及成長智慧。成長慈悲是發菩提心，自利利人；成長智慧則是發出離心，斷盡煩惱。請諸位不要誤會，無我的態度，就是認為沒有我了，自私的我沒有，但是慈悲的我以及智慧的我還是要有的。因為要以智慧的我來處理問題，要以慈悲的我則來救度眾生。這兩項相輔相成，最後便是佛果的完成。

（二〇〇一年六月三日講於美國紐約東初禪寺，姚世莊居士整理，刊於《法鼓》雜誌一四六——一四八期）

願消三障諸煩惱

我們現在每一個念頭都與佛相同，所不同的是佛已經開悟無煩惱了，而我們卻仍被煩惱所遮蓋。念頭的本質都是相同的，就是煩惱念頭與智慧念頭是相同的，我們不要討厭念頭，不要討厭煩惱，因為只要發覺煩惱一出現，事實上你已與佛的慈悲智慧相應了，如果不知道煩惱的出現，才是不相應的。重要的是要發現煩惱，知道自己的煩惱是什麼？

首先教大家一個放鬆身心的靜坐法，現在請大家閉上眼睛、頭腦放鬆、身體放鬆，什麼也不要想，自己要清楚自己有沒有雜念。有雜念沒有關係，不要跟著它跑，要馬上放下來。如有念頭出現，不要給它名字，不要被它牽著跑，知道就好，不要管它，馬上放下它，只要照顧好自己，輕鬆就好。

如果放不下念頭，念頭很強烈，繼續要去想，就停在同一個念頭上，看著它，不斷地重複念它。這樣靜坐幾分鐘，身心是不是感覺輕鬆多了呢？

修行開發慈悲與智慧

今天是佛誕節，我要講的主題是「願消三障諸煩惱，願得智慧真明了」。三障，是三種障礙，有兩種解釋的方法：1.三障是：業障、報障、煩惱障，沒得解脫的眾生均在三障中。這些障礙我們得解脫道成佛，障礙修菩薩道，也障礙了我們的成佛之道。2.三障是：貪、瞋、癡，亦稱為三毒，障礙我們的智慧和慈悲心，也障礙禪定，佛陀主要就是教我們如何除煩惱，得智慧。

先說明第一類的三障：

（一）業障：是我們的生活、行為、工作、職業障礙我們學佛、聽聞佛法，這些都是我們的業障。如週日工作、晚上工作的人不能來參加禪中心的活動，或某些行業不允許參加任何宗教活動等等皆是業障。

（二）報障：是果報的意思，如生在沒有佛法可聽聞的地方；或外道的家庭環境不允許我們聽聞佛法；或耳朵聽不見、眼睛看不到，又沒有點字設備或手語翻譯，無法看見或者聽到佛經；或身體被關起來了，即使附近有人說佛法也聽不到，這些都是報障。我們弘法的工作最重要的就是盡量設法使這些有報障的人聽到佛法，減少報障。

佛教相信六道輪迴，三善道是天、人、阿修羅，三惡道是地獄、惡鬼、畜生。生在人道中也會有很多障礙，何況是生在三惡道中，三惡道是不可能聽聞或修習佛法的，這是最嚴重的報障。而天國的天人也有報障。釋迦牟尼佛有一位在家弟子，非常虔誠，因供養三寶的功德，死後生天了。有一次，佛帶著一位出家弟子上天去，看到那位已在天上的在家弟子隨著一大群的人在唱歌跳舞，不勝快樂的樣子。

當他看到佛陀時，只和佛陀打了招呼便與同伴去玩樂了。佛立刻用神通制止住他，問他見到世尊時為何不禮拜、不請法呢？他回答說：「我向你們打招呼已經很好了，你可看到其他的同伴只顧著享樂，根本不理你們哩！」釋迦牟尼佛於是告訴出家弟子說：「生天雖然快樂，但連佛、法、僧都不要了，忽略了修行，當天福享盡之時，連人間都回不來了，可能墮入三惡道去了，是多麼可憐啊！」

人身難得，佛法難聞，不得人身是最大報障，生為人身卻不聽佛法，也在三障之列。所以，我們既為人身，又聽聞佛法，一定要感恩，那是無量劫以來種善因、種善根，得到無上的善報。如果還能修行、開發慈悲智慧的話，漸漸修成菩薩、修成佛就太好了。

（三）煩惱障：即是第二類的三障，亦即貪欲、瞋恚、不正見。唯識中所說的煩惱有六種根本煩惱，現在說明如下：根本煩惱分為貪、瞋、癡（不正見）、慢、疑及惡見的六種；而第六種惡見又可分為身見、邊見、邪見、見取見、戒禁取見的五種，合起來稱為十惑。此十惑又可分作見、思兩大類：小乘的貪、瞋、癡、慢的四項通於見思惑，疑及五見的六項稱為見惑。大乘的貪、瞋、癡、慢、身見、邊見之六項，通於見、思二惑，餘四項為見惑。見惑是指諸種妄見，即由於邪知邪見而起的我見、戒禁取見等，得聞正法，便可斷；思惑是貪、瞋、癡等迷情，比較難斷。斷見惑，證入見道位；斷思惑，證入修道位；斷見思惑，為無學道位。

依據大乘法相唯識所說，煩惱有分別與俱生的二起：見惑是分別起的煩惱障及所知障；思惑是俱生起的煩惱障及所知障。分別起的煩惱障及所知障是因邪思、邪知見的影響而起，容易斷；俱生起的煩惱障及所知障是與生俱來的業力所感，故難斷。

煩惱障是貪、瞋、癡等諸惑，能擾眾生的身心，能障礙涅槃，乃由我執所生；所知障是貪、瞋、癡等諸惑，障礙所知之境及能知之智，使不現起，故名所知障，能障菩提，此乃由法執而生。

依據天台宗所判結論，大乘佛教的煩惱，將一切妄惑分為三等：1.見、思二惑障涅槃。2.塵沙惑障菩提。3.無明惑障中道實相。《仁王般若經》說，三賢十聖居學地，唯佛一人住淨土，也就是說，直到成佛，煩惱的最後一分才斷盡。

修持戒定慧三無漏學

至於如何斷煩惱？要以四聖諦、八正道、三十七道品為基礎，以修戒、定、慧三無漏學為準則，以十惑配四諦，斷三界煩惱，共有見惑八十八，思惑十（欲界有貪、瞋、癡、慢，色界、無色界各有貪、癡、慢），總為見、思九十八惑，為小乘的無學道阿羅漢位。大乘《唯識論》則云有一百二十八根本煩惱，以見惑十個配四諦三界，共一百一十二，加思惑十六個，即成一百二十八惑。詳見小乘的《俱舍論》及大乘的《唯識論》等。

有人認為修戒、定、慧能斷貪、瞋、癡，但持戒而不與無漏的空慧相應，則持戒不能解脫，更不得成佛，只能獲得人天福報；修定如不與無漏的空慧相應，只得世間的四禪八定，不能解脫，不得成佛；修慧如不與無漏的空慧相應，則只得世間的有為有漏的聰明、靈巧的學問知識，而不能解脫，不得成佛。所以修戒、定、慧三學，必須要與無漏的空慧相應，才能夠消除貪、瞋、癡等的煩惱諸毒。

何謂無漏呢？是無著、無染的空慧，是從緣起法而知道一切法自性本空，一切法因緣起、因緣滅，本身的自性本是空的，諦觀一切法自性空，實證一切法自性空，修行但為除執，不期待世間果報回饋。修有為的無漏功德，不求回報，沒有條件，沒有希求。一切是緣起而自性空，修持戒、定、慧的目的，便是實證無漏的空慧，本身功德也是自性空。了解這個道理，則修一切法門均能斷煩惱。因此從聽聞緣起性空的佛法，而能深信不疑，則可以斷見惑煩惱，修持戒、定、慧三無漏學，則漸漸能伏能斷思惑煩惱了。

如何諦觀煩惱有四個步驟：

1. 知道什麼是分別起的煩惱障及所知障。
2. 知道什麼是俱生起的煩惱障與所知障。
3. 知道什麼是見惑和思惑。
4. 知道如何斷除見惑及思惑。

至於消除煩惱，宜有四個層次：

1. 明察自己的煩惱心，是初發心的菩薩位。
2. 調伏自己的煩惱心，是三賢位的菩薩位。
3. 伏斷自己的煩惱心，是初地以上的無生忍菩薩位。
4. 斷盡最後一分無明，是佛果位。

如要明察自心的煩惱，乃至伏斷自心的煩惱，應當修行戒、定、慧三學，修行戒、施、忍、進、定、慧的六波羅蜜。必須發菩提心、發出離心、發大悲願心、發慚愧心及感恩心，才能持久下工夫，並且下深工夫，才能漸漸地由伏而斷，直到把煩惱斷盡。

今天開示的主題既重要又複雜，這樣龐雜的課題用短短的兩個小時來說明是不夠的，但以深入淺出的方式，提綱挈領地詳細解釋，希望大家能夠明白。今日我們大家既得人身，又聞正確的佛法，真是累世種下無量善因而得無上善報，當以感恩的心，精進用功、努力修持，才是當下最迫切的課題啊！

（一九九八年五月十日講於美國紐約東初禪寺佛誕節，李青苑居士筆錄，刊於《人生》雜誌一八三期）

智慧是諸佛之母

今天正逢母親節，我在這裡祝福所有的母親們身心健康、福壽綿長。每一個人都有母親，還健在的，願她們長壽健康；已去世的，願她們往生佛國。

佛由人成

通常來講，人有三種生命，一種是肉體的生命，它是由母親懷胎十月所生；第二種是歷史的生命；第三種是智慧的生命。對學佛的人來說，智慧的生命意義更為深刻，那麼，它究竟從何時開始？是什麼意思？普通的人有沒有呢？

短短幾十年的肉體生命之後，還有歷史的生命，但是，只有少數的人能在歷史上留名。因此，在佛法來講，我們除了有肉體和歷史的生命；還有永恆的、無限的、超越於時空的智慧的生命，我們稱它為法身慧命。

當母親生下我們這個身體時，就像是一塊未經琢磨的礦石，要不斷地磨光、雕琢，才能成為一塊玲瓏晶瑩的寶石。因此，父母生下我們之後，必須經過一再地學習及鍛鍊，而在成長的過程中，漸漸產生智慧。有智慧的人，才能為自己及他人解決困難的問題及麻煩，否則，這個人一定生活得沒有意義，既為自己帶來痛苦，也為他人製造麻煩，這是個沒有智慧的人。有些人，一生下來就特別聰明，這是不是就代表智慧呢？事實上，聰明的人也可能是煩惱心很重的人，如果聰明而煩惱很少，乃至沒有煩惱，那才是清淨的智慧。

今天有幾位醫師在座，以科學的眼光，醫師們都相信遺傳，但是，就以我自己為例，我是家中七個孩子中最小的一個，也只有我出家做和尚，在十多歲之前，一直都是笨笨的，漸漸地腦筋才清楚起來，這算不算是遺傳呢？我的幾位老哥哥們，到現在已過七十、八十歲了，還是跟以前差不多，並沒有變聰明一點，這是否也是遺傳或者隔代遺傳呢？我想這跟遺傳好像是沒有太大的關係。要不然，我俗家這一族的人，應該多幾個來做像我這樣的和尚才對。就像愛因斯坦的後代之中，是否也會有成為大科學家呢？可能有，也可能沒有。當然，遺傳學一定有它的道理，但是必須有先天的因素，再加上後天的條件，這是因緣論而不是遺傳學了吧！所以無論何人，智慧是可以培養出來的。

智慧是佛母

佛的智慧是從慈悲心產生的，在成佛之前，一定要經過菩薩階段，做為修行的過程，修行就是修慈悲心，發揮慈悲的精神。慈悲心愈重，智慧愈高，煩惱就愈少：所謂「慈悲」，就是多為他人設想，常替他人處理問題，相對地，困擾自己的問題也會愈來愈少，那也就是有了「智慧」了。

如何以慈悲心來幫助他人呢？一定要通過觀念和方法，如果僅僅是用物質或者是金錢，只能解決一部分問題，必須要從心理的、觀念的、方法的，來幫助他人解決困難，這樣才是根本而能持久。

我有一位弟子，很喜歡把師父講的道理為眾生說法，替人家解決問題；

可是，他的煩惱特別重，問題也很多，有人問他：「法師，你怎麼不幫助自己呢？」

他說：「我不管啦！只要能幫助人就好了！」

像這樣的情形，似乎是對的，菩薩不應為自己的利益著想，但也是錯的，他是在現買現賣，並沒有經過自己的體驗和實驗，就不加消化地移轉給別人了。但是，這也算是菩薩，我們稱他為假名菩薩。對於他人有幫助，對於自己的利益不大。真正的菩薩，要像《維摩經．佛道品》所說：「智度菩薩母，方便以為父，一切眾導師，無不由是生。法喜以為妻，慈悲心為女。」

《阿闍世王經》卷上云：「文殊師利者是菩薩之父母。」

《放缽經》云：「譬如世間小兒有父母，文殊者佛道中父母也。」故以文殊菩薩為諸佛之母。

因此，菩薩一定是有慈悲心的，用智慧幫助自己及他人，當智慧、慈悲圓滿時，那就是成佛，所以說：「智慧是諸佛之母。」慈悲和智慧是一體的兩面，是分不開的，但是它的功能和表現不同，以智慧做為菩薩與佛慧命的母親；以慈悲做為關懷及救濟眾生的父親。故稱智度為母，方便為父。

佛的智慧與佛的慈悲

常聽到說，智慧是諸佛之母，慈悲是眾生之父；也就是說，智慧是產生諸佛慧命的根本，慈悲是對眾生產生救濟的功能。站在眾生的立場看諸佛，諸佛是眾生的慈父：站在諸佛的立場看眾生，眾生之能成佛是由於智慧的功能；所以智慧為母，慈悲為父，這是兩個不同的立場，卻是一體的兩面。

因此，凡是有善根的人聽到佛法，內心必定會產生智慧的效應，也能夠表現出慈悲的精神，立時就成為初發心的菩薩。

現在我再將它來解釋一下，智慧就是使我們內心世界能夠清楚、明白、自由，而沒有煩惱。哪怕是只有一段時間，或幾分鐘的體驗，都是和智慧相應的，凡是心中煩惱生起時，有痛苦、掙扎、矛盾等不愉快的心情反應時，你可以這麼反問自己說：「我的智慧怎麼沒有了！」

諸位是起煩惱的時候多？還是有智慧的時候多呢？

我常常遇到一些人在生氣時，勸他不要煩惱，他回答說：「我不可能有煩惱，都是別人害我的。」甚至於會認為是師父給了他煩惱。請問，這究竟是誰給他的？還是他自己給的呢？

有智慧的人，其內心世界經常能保持平靜、清楚、明白，不受任何環境的情況所困擾，並且能對人關懷，做他人的知音、知心，讓自己深入眾生的內心世界去，這就是慈悲心的表現。

昨天有一對醫生夫婦從外州到禪中心來看我，事實上，十年前我就曾到過他們的家裡。這位太太總是在我面前讚歎先生、體諒先生，而她的先生也是非常疼愛太太、照顧太太，他們彼此諒解、相互讚歎，真是一對知音、知心、知己的菩薩，他們互相進入彼此的內心世界去。

一般人所謂的愛，是占有、是征服，希望對方諒解自己，要求對方屬於自己。在這個世界上，許多的丈夫、太太、兒女、朋友、老闆，都是這樣子的。不想進入對方的內心世界，而是強迫別人來接受你的想法，這不是智慧、不是慈悲、不是菩薩。

智慧是對自己的內心世界清楚、理解、體諒，做他人的知心、知音和幫手。

智慧的層次

智慧圓滿時，就是佛；在智慧的成長過程中，叫作菩薩。

智慧有不同的層次，有人的智慧、菩薩的智慧、佛的智慧：

（一）人的智慧——我們既然聽了佛法，自然就要開啟菩薩的智慧，如何做法呢？不同的立場身分，有不同的體驗表現，能夠使自己不要產生矛盾、衝突、不愉快，這叫作智慧。

請問諸位，當你很有辦法，人人在恭維你時，你的反應是什麼呢？是驕傲、是自滿，還是覺得了不起呢？倒楣的時候，大家都離開你、不理睬你，把你當瘟神來看的時候，是否覺得很寂寞、很窩囊，並且恨著這些勢利的人呢？如果是，便是沒有智慧。

臺灣有位先生，在宦海中浮沉，時起時落，常常不知道自己為什麼做上了官，又為何下了台。在台面上時，大家恭維他、奉承他，前呼後擁；下了台時，連狗都不上他門，他常常在咒罵這是個勢利的世界。

我也曾遇到一位非常高明的醫生，有一陣子，他每天要看三百多位病人，他還很生氣地說：「這些人，都要找我看病，怎麼不去找其他的醫生呢？」但是，每天雖然很累，還是有看不完的病人。

後來他跟我說：「當年我是在走好運，所有的人都找我看病，看病開處方時，我的頭腦根本沒時間考慮，看一看、問一問，馬上就開出處方，咦！真是奇怪，我開的處方、拿了藥，一定醫得好病，這真是不可思議！」過了一段時間後，他開了一個方子，不知怎麼地吃死了人，報紙上攻擊他，他的醫院就蕭條了。

他感嘆地對我說：「唉！這個世界真沒道理，前陣子替人看病時，無暇用心，都看得好病，現在的我非常用心，病人卻很少來了！」

請問諸位，這是什麼道理呢？人是不能僅靠運氣的，應該要有智慧才對。其實，每天看病的人數是可以用掛號來限制的。一天之內，不要說替三百個病人看病，就算是寫三百張條子也是不簡單的。在不同的立場及時間，就應該有不同的處理方式，如果過分而無節制的話，就是沒有智慧的人了。

在臺灣，我有一位在家信眾，當他生意做得成功時，每逢過年，必定會來向我拜年，不但供養我大紅包，連每位常住法師都有一份，後來生意做垮了，就再也沒有看到他來拜年了！當我打電話慰問他說：「怎麼這一、兩年都沒看到你啊！」

他卻馬上接著說：「師父啊！我並沒欠你太多啊！」

我跟他講：「你並沒有欠我任何東西，是我欠你，生意順利時你給我大紅包，生意做不好，就不要給紅包。但是，人還是要來呀！來見見師父，聽聽佛法！」

他說：「沒有供養，不好意思來。」

請問，這個人有智慧嗎？有錢時來看我，給我紅包是供養，沒錢時，能以恭敬虔誠心來聽聞佛法，以時間來做義工，參加共修活動，也是大供養呀！何必在意兩手空空，就不敢來了呢？財物布施是修福，身心布施是福慧雙修。

大丈夫要能屈能伸，得意時不會發狂，倒楣時不須自卑，不要因為沒有錢了就見不得人。有智慧的人，不論在任何時間、任何立場、任何情況下，心裡都是坦蕩蕩的，都是自在的，無牽、無罣、無礙的。

有智慧一定就有慈悲。譬如說，做父母的，如果能進入自己孩子的內心世界去，那麼，這個孩子一定會孝順、感恩；否則，只是要他來體諒你、接受你，或強迫他進入你的內心世界，兩代間的代溝將會愈來愈寬、愈來愈深。為人子女的並不是只要買些衣物食品給父母，就叫作孝順，而是要進入老人家的內心世界去，隨時體驗、體諒、體察他們的心情，才是最重要的。

（二）菩薩的智慧——菩薩為何能度眾生，就是讓眾生感覺到他是你的知音、知心，替他解決各種困擾的問題，如此，他才能接受你的忠告及好意。諸位聽過「神通」這兩個字嗎？有神通的人，他能讀你的心，知道你正在想什麼？而有智慧、有慈悲的人，看起來似乎有神通，因為他只要跟你多談幾句話，多接觸幾次，很快便能進入你的內心世界；其實，你心裡想說什麼，他並不一定知道，但是，你的意向他很清楚，因此，這並不一定是神通，而是他們有智慧。

最近，我跟法鼓山朝聖團去了大陸十四天，在行程中，每一餐飯我都在不同的餐桌上，跟不同的人吃飯。整團有三十二桌，我等於陪了三十二次。中國人的餐桌幾乎都是有轉盤的圓桌子，轉盤上放滿了菜，我不論到哪一桌時，多半會隨時將轉盤上的菜轉到每一個人的前面，按著它不動，讓菜對著某一個人。有一位居士挾了三次他喜歡吃的那盤菜之後，當我第四次又按在他面前時，他說：「師父，您真是有神通！」我是不是有神通呢？你們猜猜看！我沒有神通，我只是進入了他的內心世界！（大眾笑）事實上，諸位只要用心一點，都可以做得到；這就是慈悲，也是智慧。

最糟糕的是，有人看到自己喜歡吃的菜，正在他的對面那一邊，也不管其他人正在挾菜，便很快地轉動轉盤，別人的菜還未挾上筷子，那個菜已經被他轉開掉了！當然，像這樣的人，大家都能了解他、原諒他，可是，這種自私的人，不但沒有智慧，也沒有慈悲。

（三）佛的智慧——體驗諸佛菩薩的世界，無瞋無愛是智慧；深入凡夫眾生的內心，救苦救難是慈悲。佛是慈悲和智慧的圓滿究竟者。今天的主題，就是佛法的基本精神。有了智慧，就能從凡夫成為菩薩，智慧的最高層次，就是成佛的境界。所以要說：智慧是諸佛之母。

（一九九六年五月十二日講於美國紐約東初禪寺，姚世莊居士整理，刊於《人生》雜誌一六五期）

明日的佛教

各位大德，阿彌陀佛！

今天我非常歡喜，並代表中華佛教文化館、農禪寺全體常住大眾以及信徒、還有法鼓山中華佛學研究所，歡迎各位利用教師節的假期，抽空來到農禪寺和法鼓山參訪道場。世界上最好的老師，在中國是至聖先師——孔子，但是，對佛教徒而言，我們最早最好的老師，是我們的教主，被尊為人天老師的本師釋迦牟尼佛；各位選在教師節到訪，實具崇高深遠之意。

今天我要談的講題是「明日的佛教」，此講題一共分成五個段落，首先，要談的第一個段落為：

一、佛法無邊無新舊

「佛法無邊無新舊」，其意為佛法並無昨日、今日、明日之分，亦即佛法是亙古而常新，永不衰老。因此我們可以說，所謂「明日之佛教」，就是宣揚昨日之佛法，而昨日之佛法是從釋尊一代一代傳下來，歷經二千五百多年流傳，雖然時空不一，但所傳之佛法，卻完全一致，所以佛法永無新舊之別。假如佛法有新舊之別，就不是真理，就不值得我們去發揚它、信仰它了。

釋迦牟尼佛示現世間，告訴我們兩個名詞，即佛法基本之所在，那就是「因緣」和「因果」的道理，此二道理，自釋迦牟尼佛成道開始，即被發現。我們可以說「因」和「果」之關係是相互依存的。「造如是因，得如是果」，「善有善報，惡有惡報」，「種瓜得瓜，種豆得豆」，行善之人，可得福報，作惡之人，將得罪報。得福報之人，在人間天上享受福祿，於人間則身體健康，福壽綿延，家庭平安，事業順遂；如有幸生天，則享所謂「天衣無縫」及「天廚妙供」等天上福報。這些均為曾在人間行善、布施功德之果報。反之，不行善而作惡之人，則墮地獄道、畜生道、鬼道，俗稱三塗或下三道，飽受折磨，此即為造惡之結果。

其實，我們在尚未結束此生生命之前，就已可看到許多因果報應的事實：如好人「流芳百世」，壞人「遺臭萬年」，好人終不寂寞，壞人遭人唾棄或背後議論紛紛。假使在人間無法看清因果，則為時間太短之故。在人生的短短數十寒暑，至多百來年當中，我們難以窺清過去無量阿僧祇劫所造之善業、惡業，會在這一世的幾十年中一一顯現出來。所以佛法要說「三世因果」，有過去世、現在世、未來世。「若問前生事，今生受者是；若問後世事，今生做者是。」

所謂「因緣」，是讓我們得知萬事萬物無論好壞，都是暫時的現象。我們努力會得好結果，此結果即是業報，然只是一時之現象；我們因過去作惡，現在受惡報，這也是一時之現象。因此當我們受苦時不要失望，苦報很快就會結束，而享福時不要太過欣喜，因福報終有享盡之時。只要我們能體會因緣的道理，對於現下世間的一切事，就可以放得下，看得破。放得下，即是對任何人、事、物的好壞不執著；看得破，是遇任何順逆境，不生喜惡之心。唯有努力修持佛法，方能得大解脫、大自在。不求福報，也不怕罪報，就能獲大解脫；能大解脫，即便是有生天堂或下地獄的業報，當下就可「心淨國土淨」。這些都是從因緣觀點去達成的。總之，「因緣」、「因果」永不會成為過時的古老觀念，佛法在任何時間亦無新舊之分，否則佛法將不存在，佛教亦不可能普遍流布。

二、佛法表現有今昔

所謂「佛法表現」是指因各人所處的時代背景、區域環境、語言文化的差異，致產生不同的現象。如印度有印度佛教，日本有日本佛教，中國有中國佛教，可預知未來佛教亦將有一番新的面貌出現，那是世界共通性的佛教。佛法表現除受時代變遷之影響，亦受傳播人之性格、心向及學佛人的根器不同，而有不同的差別。在印度有原始佛教、小乘佛教、大乘佛教，傳至中國之後，在隋唐時代卻發展成大乘八宗——天台宗、華嚴宗、三論宗、禪宗、律宗、淨土宗、密宗、法相宗。

其中禪宗又可細分為臨濟宗、曹洞宗、法眼宗、溈仰宗、雲門宗等五宗。

密宗則有西藏密宗和日本密宗，但西藏密宗也在變，從開始傳入西藏的印度密宗，演變成今日的紅教、白教、黃教和花教，各自有不同的儀軌、規範；有的贊成食肉，有的否，有的可結婚，有的禁止，這些可說是因時代環境及傳播佛法的大師，修持不同的法門，從不同的角度去發揚佛法，致產生各種不同宗派的佛教，來教化不同根機的世人。

在中國大陸，南方山林佛教重實踐，北方佛教講義理；都市、山林也由於地緣關係而有不同的派別。目前，臺灣的佛教亦在改變當中，漸由都市山林轉為工商業社會大眾化的佛教。我們經常可看到某地有萬人法會或萬人共霑法雨聆聽佛法的盛況，這現象在過去是很少可能辦到的，但現在由於交通便利，使時空拉近，幅員縮小，因此我們可以在各相異之地看到相同的人參與各種法會，這說明了由都市山林佛教轉型為通俗、普遍而大眾化的佛教修行活動的現象。

三、明日的佛教是重理性的

所謂明日佛教，應是從今日向前看，是前瞻性的，是重理性的，在過去中國社會，由於國民教育低落，一般人對佛教的信仰分為兩級，一為層次較高的士大夫階級——即講求義理的佛教，從研究三藏十二部中去了解佛教的內涵；另一部分人則因知識程度較低，看不懂經典，聽不懂佛理，只有退而求其次和民間信仰結為一體，燒香拜佛，敬神祭鬼，使得神教、佛教涇渭不分，「神佛滿天，滿天神佛」。像《封神榜》或一些神話故事當中，神似乎就是佛，而佛就代表神，神與佛的觀念難分難解，而此種論點可以說是非理性的，因為它只知其然而不知其所以然，人云亦云，一盲引眾盲。

以神來說，有一神、多神、正神、邪神之分，佛卻無正佛、邪佛、好菩薩、壞菩薩之別。而鬼亦有好鬼、壞鬼、善鬼、餓鬼的不同。如果誤把神、佛、鬼三者合而為一，同日而語，則為非理性的。今後佛教與神教應分清楚河漢界，以免魚目混珠，淆亂視聽。佛、菩薩、羅漢、神、鬼是各有其位的。當然，我們也並非反對信鬼神，只是鬼神非佛教，佛教應為更高層次、更理性的。修持佛法，主要是求佛菩薩加被、引導，再加上自己的努力，依照佛法修行，以菩薩為師，學菩薩所言，行菩薩道，自行修行，並仰仗菩薩護法、龍天護持，腳踏實地，按部就班去做，才是理性的。

在修持的過程中，以聽聞佛法，修學佛法，得到實際利益為正常理性的佛教。明日的佛教，應朝此目標邁進。雖然過去的佛教界有人如此做了，但仍不普遍，今後隨著教育水準的提高，所有的人應有機會和能力，來接受「正信的佛教」，亦即「明日的佛教」。

四、明日佛教重實踐

「重實踐」，就是實際修行佛法。過去許多人對「修行」二字有所誤解，以為修行就是拋家棄子、捨棄功名利祿，遁入山中寺廟追隨師父出家修行，從此不問世事，青燈伴古佛。迄目前為止，持此想法者尚大有人在，總認為現前正值青年或壯年，事業如日中天，加上夫妻、兒女羈絆，無法修行。事實上這種觀念並不正確。在釋迦牟尼佛說法的時代，弟子就分為七種，有出家的比丘、比丘尼、沙彌、沙彌尼、式叉摩尼及在家的優婆塞、優婆夷，而其中在家眾占大多數。在家眾是佛教的外護，僧眾的基石。所以，我們可以說優婆塞、優婆夷是佛教徒的基礎，其所修習的即是五戒、十善、布施。所謂布施有法施、財施、無畏施，持戒有戒殺、戒盜、邪淫戒等。

學佛修行，不論僧俗，首要檢點自己的身、口、意三業行為，從日常生活中去反省。佛法的實踐，並非高不可攀，明日的佛教徒，應從身、口、意三業的修行開始，勿只喊口號，不要再認為唯有入深山沉潛靜修，方屬修行。人人除隨時檢點身、口、意三業外，還要多聞熏習，多接觸佛法，弘揚佛法，從事入世濟眾的佛教事業，去廣度眾生。像是常買佛經、佛書與人結緣；或遇人有難，用佛法開導；到寺院聽經，參與佛教弘法活動，均屬修行。當然，如機緣成熟，能入山林中閉關潛修，亦屬必要，但非永遠避世。就好比在學校讀書，畢業後離校到社會上負起服務大眾之責一樣。一個標準的明日佛教徒，應是重實踐的，是能做到持戒、布施、多聞熏習及禪定修持——有恆課有定課地誦經、念佛、拜懺、打坐。也唯有如此，才能每日真正的檢點自己，明心見性，悟入佛之知見。

五、提昇人的品質，建設人間淨土

法鼓山為一山明水秀之地，四周青山圍繞，綠水長流，風景優美。目前，山上尚未開始鳩工興建，但藍圖已規畫完畢，預計在西元一九九四年可完成第一期工程。明日的法鼓山有兩句銘言，可說是我們的信念和理念，即「提昇人的品質，建設人間淨土」。提昇人的品質是改進、改善、改良人的品格，用慈悲、智慧的佛法來教化、淨化人心，使社會上所有大眾都能得到佛法熏陶，從佛法修持中，去提昇精神境界。今日我們的社會，所處的時代，乃至整個世界，大家都在汲汲追求物質文明，或追求反方向、虛幻的精神幻覺、幻景經驗，此均為二極端。追求物質文明者，把自己當成物質，所有人都變成物質，不但自己失去人的尊嚴，也把所有人不當成人而視為東西來處理看待。人與人間的可貴處，漸漸淡化，所以人的尊嚴，人的本質，愈來愈消失。這是很可怕的現象，到最後「物競天擇」，使彼此之間欠缺關懷愛顧的意念，只有相互間的鬥爭、爭奪、比較，如此一來，人變成不是人，本來二人相加為「仁」，既均非「人」，則人心之「仁」，慈悲心之「慈」，均將不復可見。另外，若人人追求精神的幻覺，以神祕的身心異象為解脫自在，則我們的世界將淪陷於破壞秩序的反常景況。所以我們應發揚佛法中之慈悲，以智慧指導，恢復人的尊嚴，提昇人的品質，使社會成為人間淨土，此為法鼓山將來要走的路。

（一九八九年九月二十八日為電信學佛會來訪會員三百餘人講於北投農禪寺，王美珠居士整理，刊於《人生》雜誌七十五期）

日常生活的修行

念念是新念頭，念念是好念頭

凡夫不可能念念都是好念頭，在平日，都是壞念頭多，好念頭少。可是在念佛的時候，因為口、心都在念佛，那一定是好的念頭多，壞的念頭少。要使得每個念頭都是好念頭，非常地不容易。所以除了到農禪寺參加念佛共修之外，在日常生活中，也需要隨時隨地提起念阿彌陀佛的念頭。

念念都是新念頭，代表相對於新念頭有好有壞，剛才過去的念頭是舊的，不要再想它，究竟是好的念頭抑或壞的念頭，只要接下來的是好念頭即可。

壞念頭若生當即懺悔

當然，如果剛才的念頭是個壞念頭，不知道時可以不管它；但知道時，需不需要後悔呢？壞念頭已然生起，後悔也沒有用了，故不必後悔，但是要懺悔。懺悔就是心願不再起壞念頭，既已知道是壞念頭，就不再生起此壞念頭。懺悔之後，接下來要念佛，注意自己的心在念佛號，就不會動壞念頭。

今天下午有一個社會菁英禪修營的聯誼會，到場六十多人，其中一個人做了如下的報告：在禪修營結束時，每個人都皈依了三寶，但未受五戒。他平日喜歡吃魚，有一次到餐館點菜時點了一條魚，心想魚不是為我而殺，故不算殺生。結果廚師拿出一條活生生的魚給他看，證明等一下煮的魚是新鮮的。這位居士一看很不忍心，就不吃這條魚，且開始吃素。這是因為學了佛，雖然沒有受五戒，但發起慈悲，故念頭一下就轉過來了。這就是由糊里糊塗的念頭，一下子轉變為清楚而非常好的念頭。

行住坐臥都可念佛

念佛的人，除了參加念佛共修之外，應該在日常生活中時時刻刻提起念佛的心。到農禪寺參加共修念佛是很好的，每來念一次佛，相信可以保持一天、二天，乃至一個星期是平安的。能將共修時的念佛心情及習慣，帶到日常生活中是好的。在日常生活中念佛，除了是正在用頭腦思考、用頭腦分析、用頭腦記憶之外，不論手邊是否有事情在忙，都可以念佛；在行住坐臥之中，都是念佛的時候。能夠養成這樣的習慣，則每個念頭都是好念頭。

念佛要念成習慣是不容易的。剛開始念佛的人，一段時間之後，會疲倦、會厭倦，也很可能覺得無聊，認為念佛沒有什麼新鮮感。有這種心態，就無法繼續念下去了。因此，我要告訴諸位，念念都是新的念頭，剛才念過的那一句不管它，現在所念的這一句正是新的。凡是新的，都是很有意思、很有趣味的，故念第二句時，不要再想第一句。第一句好好地念，第二、三句還是好好地念，要認為這是新的佛號、新的開始。

覺得每個念頭都是新的

不要想著自己從頭到尾都在重複同一句佛號，如此會慢慢地覺得無聊、不想再念下去。相反地，如果覺得每一個念頭都是新鮮的，就會產生興趣，可以連續不斷地一句又一句念下去。正如吃飯一樣，吃下去的第一口飯絕不同於第二口，所以才會不斷地吃下去。

念佛時，每一次的第二句是新的，都是很有意思的、很有營養的，要相信新鮮健康的東西，一定很有用。昨天念的阿彌陀佛，一定跟今天所念的不一樣，每天所念的每一句都不相同。

念念是新的念頭，念念是好的念頭。這裡的「念頭」，是指念佛的念頭。

（一九九四年一月十五日講於北投農禪寺念佛會，刊於《法鼓》雜誌七十三期）

幸福快樂的人生

人生的幸福和快樂是怎麼產生的？人生究竟是什麼？許多人都會有不同的解釋、說明、看法，站在佛法和禪修者的立場來看，這個人生，究竟又是什麼呢？

人生，就是人的生命、生活相加，那就是人的生存；人的生活、生命是生存在人與人之關係的環境中，所以人生就在人間。許多人會說人生是為了活命，為了養家，但是異類的動物也有生命，似乎也有牠們的眷屬，人跟動物有什麼不一樣呢？因此，人是有他的責任的，人的責任就是在人與人相處之時，各盡其本分，各盡其所能、所知，而為人間做奉獻，否則就跟動物相同了。

人的責任要從兩個方向來思考，一個是到這個世界上來是受報，另一個則是來還願的。因為人是無法預料生命的下一步會如何？去年很好，今年不一定好；今年很好，明年卻不一定好。相反地，去年不好，今年卻非常好；今年不是很好，明年也可能非常地好。因此，人的命運是無法掌控的，有的是整個大環境的問題，有的則是自己身心狀況的問題，許多人在得意時，會認為幸運是靠自己的聰明、自己的能力；失意時，就會怨天尤人，說老天瞎了眼，或者是被某些人所害；甚至有些信佛的人，也會認為是菩薩不保佑了。這些認知都是不正確的，都會讓自己覺得不幸福、不快樂。

我們要相信生命的任務，就是來受報、來還願的。受報，實際上就是還債，過去積欠了人的，現在要還，而我們普通人都是彼此相欠、恩怨相因地來還債受報的；還願，則是過去答應了人家，曾許了願，也可能是有善根的人，在過去曾經學過佛，修過菩薩行，曾發過菩薩的宏願，願眾生離苦得樂、平安幸福，所以到了這一生，願意繼續提供奉獻。不過，我希望諸位在觀念上能夠調整，那就是我們的相聚，都是來還願，而不是來還債的。能如此想，就能變成真正有慈悲和智慧的菩薩。

我來舉兩個例子，第一個是發生在前年的臺灣。由於桃芝颱風造成了水災、土石流，當我到南投災區慰訪時，見到一對父子，他們非常生氣、不平地問我說：「法師，你評評理看，前年的九二一大地震，把我們家弄得傾家蕩產，在這兩年間，我們辛辛苦苦地借了錢，開闢了一個素菜農場，桃芝颱風一下子就將農場沖得光光的。我們也沒有做什麼壞事，為什麼老天對我們這麼地不慈悲，法師，究竟什麼叫作因果啊？」

「我這一生似乎也沒做什麼壞事，但卻也遇到戰爭、水災、荒旱，以及各種各樣的挫折。我是從災難之中走過來的，災難使得我有今天，災難使得我堅強，即使我已經這麼大的年齡了，仍然要面臨許多災難。」我告訴他們：「我並非喜歡災難，不過既然發生了，就該平心靜氣接受它，然後繼續努力，保持活下去的勇氣，能夠如此，災難對我們來說就是一種成長了。」

另一個例子，也是發生在同一天的同個地方。我看到有一位女士穿著法鼓山義工的服裝，她手上拿著一份報紙跟我說：「師父，報紙上刊登出來的圖片就是我的家。」她將現場災區的位置指給我看，已經被土石流沖得瘡痍滿目，她根本沒有家了。我問她：「妳已經是受災戶，怎麼還跟著我一起救災啊？」

「師父，我的家雖然沒有了，但是我及我的家人都很平安，否則，我就沒有機會來救災了。」她回答：「因為我還活著，我認為此時出來救災，是最重要的事。」這個例子使我相當感動。前一個例子是怨天尤人，而這位女士卻能想到她還活著，就不該錯過及時參與救災的機會，這是一種非常健康的心態。

二十一世紀人類的希望

我沒有神通，也不是預言家，我只是就事論事往未來的方向思考。科學技術和人文精神必須相輔相成。人文發展要藉科學做為工具，但是科技發展則必須由人文做為指導原則，否則，人文沒有科學的精神，是盲目愚昧的，會使人類的生活物質匱乏，並且各種迷信充斥；相反地，如果科學沒有人文做指導，科技只是破壞地球環境的武器，不是在為人類服務，使得人類早日毀滅，它是危險的。因此，科技與人文必須相輔相成。

這幾年來，我與科技界的頂尖學者，以及高科技資訊產業的經營者們，做過多場公開的座談和對談，彼此交換了不少寶貴意見。其中包括兩位諾貝爾獎得主楊振寧、李遠哲，臺灣大學校長陳維昭、清華大學校長劉炯朗、交通大學校長張俊彥，以及兩位日本的諾貝爾獎得主，還有宏碁電腦的施振榮先生、聯電的曹興誠先生。我們討論的問題不完全是由我指定，但是我建議討論科技與人文的互動，究竟孰重孰輕，究竟是哪個帶著哪個走。討論的結果，他們都很慈悲，同情地接受了我的意見。

科技對人類生活的改善及幫助，是無可置疑的，我們要感謝科學家們的努力。偉大的科學家為了人類幸福做奉獻，而非為了滿足他們的好奇心而進行發明。此外，我們也要感謝科技產品的生產者，他們同樣也是為了人類的幸福快樂在奉獻，並不只是為了商業賺錢的目的。許多高科技產業的企業家們，在賺了錢之後，往往都能回饋社會，奉獻各慈善、文化、教育團體，包括像我們法鼓山這樣的團體。從這點看，二十一世紀的人類是極有希望的。

法鼓大學最近在臺灣舉辦了一場座談會，應邀出席的香港大學副校長金耀基先生、清華大學校長劉炯朗先生，他們兩位都是中央研究院院士，前一位是人文大師，另一位則是科技大師。當我與他們對談時，提出一個觀念，那就是必須對未來有信心，同時要發一個願心。信心是一項使命，發願則是要去實踐，付之行動，用佛教的名詞來表達便是「信、願、行」。我只懂得佛法，因此在對談時就跟他們講：對未來要有信心，對未來要發願，從現在開始要著手實踐、要全力推行。他們都贊成我的看法：「站在任何立場，對未來都要有信心、願心，還要有行動。」佛法真是有用，這本來是佛教的專有名詞，雖然這兩位當代傑出的學者，不是佛教徒，但是也都在用它。

對自己的未來以及對整個社會的未來，要有信心，有願心，要照著去做，那麼，不必等到未來，當下就有幸福和快樂了。

心靈環保——快樂幸福的良方

目前法鼓山以及我個人，以「心靈環保」來建設人間淨土，這是法鼓山的理念，也正在向全世界推動著，那麼，我們跟其他的佛教團體是否相同呢？當然，佛教就是佛教，任何一個佛教團體，在本質上是相同的，只是運作上稍有差異。我們著重在「心靈環保」的推動，它的基礎其實就是釋迦牟尼佛所說，由於眾生的認知顛倒，因此感覺不快樂、不幸福；如果將觀念上的顛倒糾正過來，就會發現幸福處處在、快樂時時有，這就叫作「心靈環保」了。

一開始我說明了人生的意義，以及人到這個世界是為了什麼，一是受報、一是還願，這就是我們的任務。當這一階段的受報還願結束時，就可以離開了，然後再到另一個地方去受報還願。我遇到一位原來住在臺灣的太太，我問她：「妳不是在臺灣嗎？怎麼在這裡看到妳呢？」她回答：「我的兒子在美國，女兒在臺灣，兩邊都需要我照顧，我很快又要回臺灣去了。」來到美國陪兒子，就是她在這個階段的任務。

有人問我，為什麼有的人活到很老還沒死掉，有的人年紀輕輕卻走了；有的人身體很差就是不死，有的人一向健壯卻突然就往生了。事實上，先走的人因為在此地的任務已經完成，還要到其他地方去履行新的任務，我們要恭喜他；如果還沒走的，也要恭喜他，因為目前的任務尚未完成，還有許多工作要做，還有許多造福增慧的機會。因此，已經走的要恭喜，繼續活著的也要恭喜，你們看這多麼歡喜快樂！這就是所謂的「心靈環保」。

不過，要具有這樣的情況，是有先決條件的，那就是要相信有過去世、未來世。如果不相信過去、未來，就會經常怨天尤人、貪生怕死，導致苦不堪言；如果相信有過去世、未來世，就不會擔憂、害怕，每天都活得非常健康。

我告訴諸位，凡是危險該臨到你時，逃也逃不掉的，如果臨不到你，即使在你身邊也不會碰上你，所以，一定要相信有過去、未來的因果觀念，相信我們都有受報與還願這兩種任務在身。有了這樣的信心，至少你的心是平安的；心有平安，就會有快樂、有幸福。可是請大家在危險的地方還是要小心謹慎，意外事件往往出於小心不夠，因此，小心有必要，擔心則不必。

此外，只有信心和發願是不夠的，應該照著自己所信的、所發的願去做。當我們感受到不幸福、不快樂時，需要調整自己的心態和觀念，所以，來聽佛法是有用的，但是，是否來聽了演講後，就變得像孫悟空在八卦爐裡鍊成火眼金睛一樣，把心鍊好了呢？

這是不可能的，聽講只是在觀念上聽到一些道理，真正遇到狀況時，還是一樣沒辦法，一樣會怨天尤人，所以最好、最簡單的辦法，就是去實踐。經常念「阿彌陀佛」是最有用的。此外，學打坐也是相當有用的，我一直教人念佛及打坐，打坐的人，平常也可以隨時隨地念佛號。

（二〇〇一年十二月十五日講於美國洛杉磯第二文化中心，姚世莊居士整理，刊於《法鼓》雜誌一六四—一六五、一六七期）

盲目的「我」，還是超越的「我」？

我們在與人談話時，常常提到「我」。這個「我」，有時候非常可愛，有時候又很可惡。因為沒有「我」，什麼事情也做不成；但是又因為有了「我」，導致許多問題不容易解決。

一個人如果對「我」認識不清楚，就會給自己增加困擾，也會給他人帶來麻煩；如果對「我」認識清楚了，便是一個自在、自由的人，對他人來講，則是一個菩薩。

究竟「我」的觀念是怎樣的？如何來看待「我」？用什麼角度來扮演「我」這個角色的主人？

從佛學的觀點來說，「我」有很多層次。第一個層次，是盲目的「我」。

自己不知道什麼是「我」，對自我的價值不清楚、自我的定位不確定，對自我的功能也不清楚。多數人都屬於這個層次，活著只為了生存，希望獲得，不想失去，一生就是不斷追求，便是盲目的「我」。

第二個層次，是理性的「我」。自己很清楚自我的定位、功能，以及價值，這是一種高度的修養。例如：哲學的修養、宗教的修養等等。有了哲學的修養，人的思想、思辨便能清晰暢達；有了宗教的修養，對於生命的價值和目標，則能了解透徹。這是理性的「我」。

第三個層次，是超越的「我」。超越又可分為兩個層次，一個層次是超越自私自利的「我」，大致上是指個人的利害得失、價值的利害得失。一個人如果能超越個人的利害得失、價值的利害得失，便能把整體社會、全人類的利害得失，當成是自己的利害得失。一位真正的哲學家，他的思想和行為是一致的，但是如果他在思辨時講得頭頭是道，行為上卻無法放下個人私利，缺乏悲天憫人的胸懷，那只能說他是思辨家。古今中外的大宗教家、大思想家、大哲學家，例如中國的孔子、老子、孟子，西方的亞里斯多德、蘇格拉底等，他們的生命都已經超越了個人的私我。

超越的「我」還有另一個層次。釋迦牟尼佛告訴我們，不僅要超越個人的「我」，更要超越全體宇宙的「我」。以宇宙的生命為生命、以宇宙的價值為價值、以宇宙的存在為存在，那是宇宙的「我」。能超越地球，乃至一切宇宙時空的普世價值，這種超越時間、空間的價值觀，便是佛法講的「空」，真正的「無我」。

佛法講的「無我」，超越「小我」的自私、「大我」的價值觀。那麼這個「無我」，究竟還有沒有「我」呢？釋迦牟尼佛說法時也講「我」，那是為了要清楚互動的對象，例如佛陀和弟子、眾生談話時，彼此有所互動，因此區隔出「我」和「你」的不同。這樣的指稱，叫作「假名的我」。

其實對佛來講，自己是不存在的，眾生也不存在，怎麼說呢？《金剛經》講「滅度一切眾生已，而無有一眾生實滅度者」，對佛而言，眾生能得度，那是眾生因自己的因緣而得度。佛的出現，並不是為了度眾生，如果是為了度眾生出現，那佛是有「我」的；佛之所以出現，是因為眾生自己的福德，應該受到佛的智慧給予協助、幫忙，所以佛出現了。這樣的層次，已超越了一層層的自我。

盛開的花，一定會結果嗎？

前幾天，有位菩薩來拜訪我，他說自己沒有煩惱，「真好！沒有煩惱就是解脫，就是自在。」我告訴他。

不過，他接著跟我說：「我是沒有煩惱，但是我的太太有煩惱，我現在最放不下的事，就是我太太。」請問大家，這位菩薩究竟有沒有煩惱呢？

通常我們講的「我」，除了自己的身體之外，你們的先生或者太太，還有孩子，是不是也屬於「我」？

我有一位美國弟子，她是一位亞裔女士，結婚後有了小孩。有一天，她抱著孩子來看我。我說：「恭喜妳有一個小寶寶。」她說：「不要恭喜，我生這個孩子，是個『無常』。」我問她為什麼這麼講，她說自己十多歲就離家在外，孩子將來也會離開她，所以說是「無常」。

「既然是無常，孩子遲早都要離開，不如趕快把他送走吧！」我告訴她，「不行啊，這是我的孩子！」她說。既然知道孩子是無常，遲早都會離開，但一提到要送走，卻又說是自己的孩子，這就是把自己的孩子當成是「我」了。

除了另一半、孩子，對一般人來說，財富、事業、家產、思想、觀念、名譽、地位，都跟自己息息相關，都是「我」。凡是我的任何一個部分、任何一樣東西發生了狀況，不論狀況好壞，都與自己密不可分，所以我們的心情，老是跟著這些息息相關的「我」，起起伏伏。

以我來說好了，我現在有一、兩百個出家弟子，我如何對待他們？身為師父，如果對弟子漠不關心，就稱不上是「師父」；但是當弟子要離開，我該怎麼辦？

佛陀告訴我們，因緣合即聚，不合則散。我們常說「開花結果」，但是果樹上盛開的花，是不是每朵都一定會結果呢？如果只開花而不結果，其實也是正常的，這就是因緣。有因緣和弟子相處時，我就恪守一個師父的角色、克盡一個師父的責任。

對我來說，有人來了，就是道場多一個人；有人走了，就是道場少一個人。表面上看起來，多一個人來，好像我要替他們張羅衣食住行、管教養衛，增加負擔，其實不然，「一個羅漢一份齋」，每個人都有他自己的福報因緣，他們都是帶著自己的福德因緣來的；如果他們走了，就是把自己的福德也帶走。「緣聚則聚，緣散則散」，雖然對離開的弟子感到可惜，但是他們要走，我也只有為他們祝福。

有些人到了法鼓山，覺得聖嚴師父真了不起，把法鼓山從無到有建設了起來。我說：「阿彌陀佛！法鼓山不是我建的，我既不是建築師，也不是工程師，更不會印鈔票，這完全是眾志成城、眾緣和合的成果。凡是參與法鼓山、護持法鼓山的人，都是法鼓山的開山。」

當然也有人跟我說，某某人到法鼓山吃飯，什麼布施也沒有給。我告訴他：「這餐飯是他自己帶來的啊！那是他自己的福報，個人吃個人的福報。」因緣是這樣子的。

不需擔心，只要用心

現在有很多人都在擔心臺灣的前途，總是問我：「臺灣的未來怎麼走？」我告訴他們：「臺灣的未來我不知道，但是我相信：心安就有平安。」因為心中如果有重重憂慮，就會真的變成有事。就像諸位的婚姻生活，如果老是去擔心、懷疑另一半有問題，本來沒有事，也會變成有事；本來只是小事，也會變成大事。

其實我們不需要擔心，卻需要「用心」。怎麼「用心」呢？譬如出門的時候，要保持頭腦清醒，不去走危險的道路。如果只是一味擔心受傷害，卻不去小心自己的安全，受傷害的機會反而多一些。不要擔心，但是要小心、要用心，這樣就可以保全自己。

夫妻之間的感情要用心，這跟從政、經商、做任何事情的道理都一樣。用心經營了、成功了，當然很好，萬一用心經營卻不成功，又該怎麼辦？

就像前面我舉的例子，一棵果樹，我們既希望它綻放美麗的花朵，又期待它結滿甜美的果實，可是有時果子尚未成熟，就已經變黃了、敗壞了，這也是正常的。在人生的過程中，我們要把所有事情看成是因緣生滅，緣生則有，緣滅則無。

中國歷代王朝之中，以周朝的年代最長，約八百年，因為它開始的基礎很好，有完備的體制、觀念和想法，然而經過八百年，周朝還是走入歷史，這是緣起、緣滅。以家族來講，中國人常說「富不過三代」，超過三代的富貴之家也有，但多數都是生生滅滅。以個人來講，人一生的過程也是起起伏伏，如果用形容任官經歷的成語來比喻，就叫作「宦海浮沉」。聽起來似乎很悲涼，其實這只是一個自然現象，起起伏伏都是很正常的。

從另一方面來講，每個人的福德、智慧，也是無從比較的。相同事業，有人經營成功、步步高陞，有人就是無法開展。我認識一對兄弟，兩人都是皮膚科醫生，都有很好的醫德。可是兄弟倆的境遇很不同，弟弟不管是什麼病，其他地方看不好的，到了他那裡，一定看得好；但哥哥就不同，他的用藥跟弟弟完全一樣，但很奇怪，病人從他那裡拿的藥治不好，但從弟弟那邊拿的藥，一擦就好。這是什麼原因呢？其實便是福報和因緣不同。

我先前提過「一個羅漢一份齋」，各人的福德、福報，與其所處社會的共同體相關。像是社會中某一種層次、某一個部分，跟我們的「磁場」相應，我們的「運氣」就會比較好。所謂「磁場」，指的是跟自己有關係的環境，譬如我們參與的團體、四周的環境、所處的時代，都是「磁場」，實際上就是「緣」。

我們跟「磁場」相應的時候，往往事事順心；當諸事不如意、事業失敗的時候，也並非是個人因素使然。因為個人的成功，繫於整個共同體的成功，我們自己只是其中一個因素；而個人的失敗，也與整體大環境有關。如果能這麼想，我們便能超越自私自利、利害得失的「我」，而能使心胸開闊、包容心增加，如此一來得失心也就減少了。

雖然不去計較事情的成敗，然而一分努力、一分用心，都是一份增上緣。如果不用心、不努力，與緣擦身而過，豈不可惜。在一棵結實纍纍的蘋果樹下，唯有在恰到好處的時間、守在恰到好處位子的人，才能在蘋果應聲落地的時候，拾起最甜美的果實。因緣，是需要用心把握的，但如果因緣尚未成熟，不妨再等等等，不過等待並非空等，而是在等待的同時，加上努力，才能在因緣成熟時，即時把握。

（二〇〇五年一月二十三日講於北投農禪寺社會菁英禪修營共修會，刊於《法鼓》雜誌一九六—一九八期）

金錢的價值

我們常常聽到寧願要錢也不要命的故事。人為財死，鳥為食亡，這在人間也可以說是一個常態，但也是一個悲劇。有很多的人以為有了錢，一切的問題都解決了，其實有了人，才是最安全的。錢少一些，而我們結的緣多一些；把自己的財富儲到自己的親友那裡，或者是社會上，這才是最可靠的財產。因此沒有了錢，結果得到的卻是平安。很多人不知道這樣的觀念，所以沒有了平安。我們結的緣是廣結人緣，也就是說把自己的安全，依靠在大眾彼此之間深厚的情誼上，這是最可靠的。一般人如果有這樣的觀念、心態，大家都很平安，而且也得到很多很多的支援，這個比錢還重要。

挫折的真義

人生過程之中，如果沒有挫折，那就顯不出人生的瑰麗來。人生就是這樣子。在顛顛跛跛、挫挫折折之中過來的人，是最堅強的。拿我個人來講，我從小開始都是在挫折當中，兩次出家，然後做學問、修行，以及到現在為止，已經過了七十個年頭，我還是經常在挫折之中。我認為這就好像游泳的時候，一個浪頭接著一個浪頭。沒有浪頭的水游起來是不過癮的，有浪頭的水游得更好一些，因為其中充滿了挑戰的樂趣。要能夠面對挫折，接受挫折。不要在挫折面前舉手投降。應該面對、歡迎挫折，很歡喜地一個挫折一個挫折走下去，這樣挫折就變成不是挫折，而且是自己的一種成就，也是自我成長的軌跡。

因與果

以現代人的觀點來講，因果應該是同時的，種因的當時已得到果了。我舉個例子，我在美國有幾位弟子是哥倫比亞大學的教授和學生，每次他們到我們山上來做義工，砍柴、砍樹、開路，總是自己帶了飯、帶了飲食、帶了飲料來做，一天下來他們好歡喜地回去了。我說：真是對不起你們，感謝你們，我們什麼也沒招待，而你們則替我們做了那麼多的工作。他們卻說：感謝有這個機會，讓我們來做義工。我們平常老是為了賺錢、賺錢、賺錢，而今天就是為了奉獻而來的，所以做得非常愉快、非常高興。今天我們來做義工，就是得到報酬，報酬是什麼？就是內心的快樂、歡喜。這種觀念讓我感覺到就是佛法。佛法講你現在種的因，事實上就是得了果，因跟果是同時的。

心靈環保

我講的心靈環保是從自己做起。心靈環保並不是期待你要做，他要做，所有的人都要做。而是說我自己要做，自己如果沒有想要做，只是希望人家做，這一定是落空的。我常常反省自己是否能夠提供更多的東西給人，而不是從別人那裡取得什麼東西。心靈環保就是慈悲心，這是非常重要的。所謂慈悲心，就是如何讓人家得到福利、得到平安、得到歡喜，這就是心靈環保。心靈環保是由我們自己做起，那麼環境會因為我們自己的心是清淨的、平安的、快樂的、歡喜的，而受到我們的影響，也變成了清淨、安定、平安。這個叫作心靈環保。

何謂四要

想要和需要僅僅是一線之隔，有時候想要的，往往不是真的需要。的確，我想要很多東西，可是再仔細考慮一下，就不見得非要不可了。想要的東西得到了是很快樂，而要不到卻很痛苦。比如說：我需要一頂帽子，也買了一頂帽子，這不是累贅。但是如果我看了人家的帽子都想要，一頂一頂地買，那麼我就要想辦法來保存這些帽子、照顧這些帽子，這就是累贅了。所以想要是一種痛苦的事，需要是一種快樂的事。需要並不是罪惡，想要可能也不是罪惡。如果說我想要，要到了以後，我同時也把它分享給需要的人，這是他人的需要，不是我的需要。我當然可以想要，但必須在該要、能要的前提之下。什麼是該要？也就是理所當然的，應該得到的、分內的。比如說你的薪水，是不是能要？有很多人不考慮自己的能力、自己的職位，還有整個大環境的因緣。不許可我要，我還在要，這是一樁非常痛苦的事。

欲望取捨

我們講人的問題，就是想要的太多，需要的並不是很多。如果想要的太多就會造成貪得無厭，而自己就變成了物質的奴隸，掉進痛苦的深淵裡去。我舉一個例子：曾經有一個太太帶了很多錢去逛百貨公司，她看到這個也想要，看到那個也想要，衣服、化妝品她樣樣都要。她想一想之後，因為曾經聽到師父講過，需要的不多，想要的太多，結果她一樣東西也沒有買，拿著錢就回家了。後來她把錢拿來做功德、做好事。她現在更高興，因為第一她心裡沒有了負擔，第二她做了好事，也覺得高興。

感恩報恩

如果一個人知道感恩的話，他就會飲水思源。能夠飲水思源的人，就好像源頭有活水，源源不斷地來，永遠不會枯竭。如果不知道感恩，我們叫作過河拆橋；過了河，橋拆了，把自己回頭的路也斷了。我每一次吃飯的時候，人家看到我會先合掌然後再吃飯，問我做什麼？我說我在感謝。感謝什麼？感謝施主們種稻、種菜。他們好辛苦，把稻種好之後，再布施到我這裡來，我吃了當然要感謝。如何感謝呢？我想要報恩。如何報恩呢？那我就要奉獻。這個感恩對自己是非常好的，為什麼？第一，自己覺得來之不易，就會非常珍惜自己的福報。第二，要感恩圖報的時候，自己必須努力成長自己，然後奉獻給他人，這就是報恩了。所以知恩報恩，一定是要感恩的。

感動

我們不會欣賞他人的成就，自己就不會感動，就變成妒嫉人家。看到人家得到了榮譽，得到了光榮或者是成就，還會酸溜溜地說：沒什麼了不起。這種人是最沒有出息的。如果經常能夠欣賞人家的成就，讚歎人家的成就，看到人家的光榮，看到人家的好事，覺得好感動，心想這個人真是了不起，能夠這般努力，完成了這樣好的成果，那真是好啊！這個叫見賢思齊。我們讚歎人的時候，自己也希望能夠向他學習，還有我們讚歎人、欣賞人的時候，也影響其他的人來欣賞值得我們感動的事，或者感動的人。這對於生活環境來講，對自己，對當事人，以及對周遭的人都是正面的。

處事四態度

遇到事情的時候，特別是比較嚴重問題的時候，我通常用四個態度或者四個層次來處理：第一個就是面對它；第二個接受它；第三個處理它；第四個放下它。這個很好用。任何問題發生的時候，特別是嚴重的問題、困擾的問題，逃避是沒有用的，所以面對它是最好的。然後你面對它的時候，你要接受它。你不接受它，這個問題還是在那裡。接受它以後，如果你用方法來處理，能夠處理的當然是非常好。但如果是不能處理的，你面對它的時候，這就是處理了。你接受它的時候也就等於是處理。然後可能你覺得非常懊惱，心裡面忿忿不平，老是心裡邊掛著那件事，很痛苦。這時候你走不下去了，但另外一條路來了，那就應該放下。所以任何事情發生以後，你處理了就把它給放下。

謙虛

謙虛是從內心表達出來的，並不僅僅是嘴巴上說說而已。就像山谷那樣，自自然然地低下走，不會讓人覺得高不可攀的樣子。謙虛的意思就是說：我知道的的確是太少了，因為人往往只能夠學到自己所知道的一小部分。而每一個人都有自己的優點、長處、經驗，如果我們見到任何一個人，都希望能夠向他學習，然後再感謝他的指導，我們就會不斷地成長。同時我們也要提供我們的所知所能，來奉獻給他做為回饋，這表示感謝，也是請教。我見到任何人都是抱著這樣的學習態度，連小孩子，我也是抱著這樣的學習態度。

（原收錄於《大智慧過生活》小冊子）

心安就有平安

如何能夠平安？首先是心要能安定，才能得平安。

現在請諸位坐下來，放輕鬆，臉上帶一點微笑，把手非常輕鬆地平放在膝蓋上，手臂不要用力，頭腦裡不要思考任何事情，然後聽你的呼吸從鼻孔出入的感覺，享受你的呼吸，體驗你的呼吸就是你的生命。你生命的全部就是呼吸，所以要享受自己的生命、體驗自己的生命、擁有自己的生命。想安自己的心，只要體驗呼吸、放鬆身心，我們就會身心平安，這是每個人隨時都可以用的方法。

平安幸福　要靠自己

平安就是最大的幸福，這麼說應該沒有人反對。小自個人的身心、家庭、工作、事業，到所處的社會、國家，乃至全世界整體的環境，都希望能夠平安與幸福。其實每個人都會祝福別人平安，譬如當我們出門的時候，家人或朋友會說：「祝福你平安！」

許多人認為我這個老和尚有修行，讓我祝福一下，好像比較靈驗一點，功德比較大一點，所以許多人身體不好，就希望請老和尚來為他們祝福一下，但是我有點懷疑：我的祝福，真的比你們的祝福有用嗎？

有一對年輕夫婦請我祝福他們婚姻幸福，我對他們說：「祝福你們婚姻幸福！」可是他們一回去就吵了架，然後打電話給我：「師父，你的祝福沒有用，我們回來以後還是吵架。」我回答說：「我沒有說我的祝福一定有用，那是你們迷信；祝福以後，你們自己愛吵架，我有什麼辦法！」

平安要靠自己。在宗教場合裡，無論是請宗教師，或是請神、佛、菩薩為我們祝福，這在心理上雖然有用，可是最可靠的，還是要從自己內心做起。

除了希望別人祝福，我們也要祝福自己；當你要生氣、和別人吵架的時候，告訴自己不要這麼做。像上述的夫妻倆明明希望不要吵架，為什麼還要吵？將幸福交代給一個老和尚，自己卻沒有去經營自己的幸福，這是很顛倒、很奇怪的事，可是很多人就是這樣的人。

自己安心　帶來平安

在我們這個世界上，什麼地方有平安？我本來今年（二〇〇三）四月就要到溫哥華來，可是當時臺灣正流行SARS疫情，所以溫哥華當局拒絕說：「師父，你最好不要來，不要把『殺死』帶到溫哥華。」其實我並沒感染SARS啊！

最近我到中東地區，行前許多人告訴我：「聖嚴法師，你什麼地方都可以去，可是中東不能去，因為那個地方隨時都有炸彈。年齡這麼大了，不要去送死！」我說：「如果應該死在中東，也很好，因為那邊是聖地，猶太人相信，那裡是距離天堂最近的地方。」

等我去了中東以後，發現以色列、巴勒斯坦的人民都非常緊張，但是我不緊張，因為我不覺得有那麼危險。而我到達的那幾天，當地也沒有發生什麼意外事件，所以他們對我說：「你把平安帶來了！」真的是這樣嗎？

中國有兩句諺語，第一句是「出門要冒三分險」，意思是出門在外，本來就有危險；第二句是「人在家中臥，禍從天上來」，不論出門也好，在家裡也好，沒有一個地方能真正平安。這該怎麼辦？是不是每天都得緊張？其實無論出門或在家，「心安」就有「平安」。當一個人情緒波動不穩，就是處在最危險的狀況下；而當自己的情緒安定，心情非常平衡，才是最安全的時候，連帶身旁的整個環境都是安全的。

擔心沒有用　安心最重要

事實上，這世間處處都有平安，也處處都不平安。所謂「處處都有平安」，是因為如果你的心理狀況是平安的，當遇到任何狀況，都不會受到太大影響。我們要有一個正確的觀念——這個世界上，不如意的事情十之八九；另外，還要有一個心理準備——人的生命，隨時面臨著死亡與危機。大家聽了以後不要覺得：「這個老和尚觸我霉頭，我還這麼年輕，就叫我們面對死亡。」因為我們不敢面對死亡這個事實，所以對死亡非常恐懼。其實恐懼死亡的人，死亡的機率反而可能比較高；如果能夠面對死亡，隨時隨地準備可能死亡的狀況，這樣一來，死亡的可能性就會減少。

另外，有記者問我：「現在溫哥華有好多青少年飆車、發生車禍，甚至撞死人，該怎麼辦？」這是因為二十歲不到的孩子，不知道有死亡這回事，更沒有想到死亡也會臨到他們頭上，所以沒有預防的心理準備，因此，他們出的紕漏比較大，死亡的可能性也比較大。

因此，有以下兩種危險的狀況：一種是害怕死亡，一種是不知道有死亡。最好的辦法是：第一，心理上，隨時準備面臨可能的生命危機在我們面前發生；第二，做好無常的預防，即是危險的事不要碰，或者如何讓事情的危險性減到最低，這都可以做得到。擔心沒有用，應該要小心、用心，更重要的是安心，因為心安的話，我們就可能避免危機的發生了。

用觀念安心　人人做得到

平安，似乎與環境有很大的關係，好像不平安都是環境帶給我們的。雖然不平安有環境的因素，但主要仍取決於我們自己內心。內心可分成幾個部分：一種是情緒和情感；一種是精神和觀念。之前所說的是觀念，而所用的方法能幫助我們平定情緒和情感，之後我們的精神會提昇，觀念也會比較清楚，這時，無論是外在的社會環境、自然環境，都不能影響我們，而我們卻能反過來影響社會環境與自然環境。

臺灣曾經發生九二一大地震，震後整個臺灣兩千三百萬人非常恐懼，擔心隨時還有大地震發生，因為餘震仍然不停。後來我說了非常簡單的幾句話：「受苦受難的是大菩薩，救苦救難的是菩薩。」災難是整體臺灣的，但少數的人代替我們受難，所以這些人是菩薩現身說法，做為我們的教材，使我們從此以後，隨時隨地都有地震再來的準備。

此外，我又提出：「大地震發生之後，不可能連續不斷再發生同樣規模的地震。應該發生的已經發生，不會發生的也不可能再發生了。」雖然不能說人人都受到了啟發，但這幾句話的影響力也相當大，甚至當時的李登輝總統，也重複用這幾句話來告訴大家，讓人心安定下來。當時我自己的心情安定，所以才能說出這些話，但你不要認為：「這是聖嚴老和尚有這個本領，我們當然沒有辦法。」事實上，只要你願意，每個人都可以做得到。

獲得平安最好的方法，是每天都練習安心的方法，譬如一開始就教諸位的。或者是以下的方法：如果是信仰佛教，每天早上起來的時候，先在佛菩薩前做祈願或禮拜，然後打從心裡誠懇地念幾句佛菩薩聖號，這時你的心裡是平靜、安靜的，出門以後，還是有佛菩薩聖號在心裡；你也可以隨時隨地體驗呼吸，當你有一點身心狀況的時候，只要體驗一下呼吸，你的心馬上就能安定下來，如此一來，你自己是平安的，與你相處的人也會受到影響。

如果你家裡有五個人，只要其中有一個人有這種工夫，保證一家人平安；如果你拜佛、祈願、念佛菩薩聖號，旁邊的人即使在吵架、打架，可能他們吵鬧的聲音也會小一點，為什麼？因為你在念佛，不好意思打擾你。所以，你一個人就能影響周遭的環境。

內心平安　人人都友善

我去以色列耶路撒冷的時候，因為當地只有天主教、猶太教，所以我只好住在天主教的教堂裡。我注意到有一位神父，人非常好，對每個人都非常關心，儘管不認識他，但是他主動跟我打招呼：「師父，我認識你，你是非常好的人！」我想：「奇怪，他怎麼認識我呢？」我的弟子認為可能是他曾經見過我，但是我怎麼想也想不出曾經見過他。

有一天，我看見他一個人在祈禱室裡，等他禱告完，我問他：「你在做什麼？」他說：「我在祈願。」我又問他：「祈願什麼？」他說：「為了平安。」我說：「你為誰祈願平安？」他說：「為了每一個人。」原來他祈願不是為自己，而是為所有的人。這位神父看起來總是那麼歡喜，對每一個人那麼友善，原因就是他經常為人們祈願平安。這即是佛經裡所說的「心淨國土淨」，以及心不隨境轉而境隨心轉——當自己的心是平安的，看到任何人都是友善的，看到這個世界也是平安的。

本來他是一個天主教的神父，而我是一個佛教的和尚，應該是「道不同不相為謀」，但他卻覺得我像是他的老朋友一樣。我是不是也這樣對他呢？我相信我也是！我對任何一個人，都不會去區別他是不是佛教徒，我見到每一個人都覺得他是好人。天下沒有壞人，人常常是好的，只是有時候做了壞事。

如何解脫？修禪定智慧

曾經有一個人殺人後坐了牢，他在監獄裡面寫了一封信給我：「我這個罪孽特別重的人，佛可能不會再救我了，我只有到地獄的機會，因為天堂不要我，佛國淨土也不要我！」

我回給他一封信：「天堂、地獄都在於我們的心，當你的心非常煩惱、非常痛苦時，你就會覺得到了地獄；當你的心非常愉快、非常慈悲，那你一定是在天堂裡，如果再加上智慧，那你就進佛國了。雖然你一念錯誤殺了人，但那是過去的事，現在只要你一念轉過來，便是放下屠刀，立地成佛！」

我是用禪修的觀念與方法來幫助人安心，而在演講一開始所引導的方法，則是禪修方法的入門。禪的觀念，一定要相信因果和因緣；禪的方法，則一定要修禪定和智慧。

所謂的「因果」，要從無量無數的過去世、無量無數的未來世說起。在我們尚未解脫之前，都曾經造了許多的「業」，也就是行為，好的行為一定有好的果報，惡的行為一定有不好的果報。因此，我們現在受的果報，是過去所造作的；現在所造作的，則是未來要受的果報。如果解脫了，那就與因果沒有關係，即使是殺人犯，如果真的得了解脫，那就與他的罪惡沒有關係了。如何才能得解脫？要修禪定和智慧。

在生命的過程中，通常我們的努力與付出，相對於所得到的利益，或是想達到的目的，不一定是平衡的、相等的；此外，還可能碰到意外的災難與損失。所以，在我們這一生中，經常會遇到不合理、不公平的情形，這是沒辦法的事。可是一般人只會吵架、生氣、埋怨，指責老天爺不公平，這都是因為沒有想到、也不相信有過去世和未來世，才會有這種心理的不平衡出現；如果我們相信有過去世、未來世，那麼現在的不公平、不合理，就都是公平、合理的了，因此，心也就能平安，而不會不平衡。

相信因緣因果　所以心平氣和

有時候，兩個人在同樣的環境裡工作，你付出的比他還多，但是得到的卻很少，這是什麼原因？除了因果之外，其中還包含著因緣的關係，也就是說，他的運氣比你好，可能別人看他比較順眼，或是他有比較好的機會，也能夠掌握機會，而你卻不會掌握機會，讓機會在你的面前錯過，甚至根本不知道那是機會。不管是發財也好、陞官也好，甚至是愛情也好，都會有這樣的狀況發生。

我到美國之前，在我的生命過程之中，無論遇到什麼人、碰到什麼事，大多是不好的，好的機會、好的事情總輪不到我，就連有信眾要供養每一位法師的時候，我都會剛好不在場。我常常遇到這種事，真是一個最沒有運氣的人！可是我知道，這是因為我的福報不夠，是因果因緣的關係，所以我心平氣和。一直到了美國之後，我的運氣才漸漸轉好。

身心環境統一　體會安定和諧

禪修的方法，首先是放鬆身心，之後身心才能統一，這時你的心理負擔和身體負擔就會消失，叫作「無事一身輕」，也就是從身安、心安，直到身心統一，你才會知道所謂「身心的安定」是什麼滋味。

進一步是我們的身心和我們所處的自然環境、社會環境統一，不是對立的，而是一體的、整體的。如果有了這種經驗，你會發現自己絕對是平安的，因為這個世界根本和你是一致的，任何一樣東西都是你自己，沒有對立、沒有矛盾、沒有衝突，非常地和諧；然後是「虛空粉碎、大地落沉」，時空消失了、大地消失了，也就是整個宇宙時空全部不見了，但自己還是活得好好的。

我曾經在以色列為一個禪修團體演講，團體的負責人是一位女士。有一次，她準備一頓非常豐富的晚餐招待我和我的弟子。而她一邊準備的時候，一邊就在禪修。做完晚餐後，她告訴我，其實她沒有做任何事。她清清楚楚地知道晚餐做完了，而且做得非常好看、非常好吃，卻根本不知道自己在做。這真是奇妙！事實上，只要你深入修行，是可以做得到的。

分享心安平安　人人都可以做

真正的平安，是由於心安。心安有不同的層次，最基本的是身心放鬆所感到的心安；深一層是觀念上的平安，當你的心真正不會起波動，無論是遇到任何大風大浪、強烈的刺激與誘惑，或者是非常恐怖的事情在你面前發生，你都不會受到影響，這個時候，你才是做到「八風吹不動」，也就是真正的平安。這是要有工夫、要學習的。

其實將平安與和平分享給大家，並不是只有特定團體去做，而是我們每一個人都可以做、都應該做：首先，自己的心裡要平安；其次，我們每天要為全世界的人祈禱和平、祈禱平安；然後，見到每一個人都對他說：「我祝福你平安！」我們經常用喜悅的、友善的、關懷的心和態度，將自己的平安，分享給與我們接觸的人，以及所有的人，這樣的話，我們自己和周圍環境裡面的人，以及全世界的人，慢慢地都會得到平安。

（二〇〇三年十二月二十日講於加拿大溫哥華「加拿大廣場」〔Canada place〕，刊於《法鼓》雜誌二三五—二三六、二三八—二三九期）

正視現實，懷抱信心

現在的臺灣社會，普遍有種不安定感，這種不安定感是由每一個人所形成的。所謂平安，有心理的平安、生活的平安和生命的平安。如果心不安，很容易就會被環境牽動，一旦環境裡產生變動，或因他人的一句話、一個動作，甚至是媒體上的一個訊息，自己的心馬上就跟著起伏。起初是心不安，接著影響生活不安，最後連生命也不安穩了。而這些不安，一樣一樣重疊起來，有點像漩渦一樣，會一個帶著一個、一個牽動一個，導致結果愈來愈嚴重，愈來愈麻煩。

正視現實，即能克服不安

雖然心不安常常是受環境影響，但有的時候是自己疑神疑鬼，胡思亂想，結果愈想愈可怕，愈想愈糟糕！嚴重者會造成憂鬱症，甚至自己自殺或者攜子自殺，這些都是因為心理不安而影響了生活與生命的不安定感。

要如何安心？就是要正視現實。這就像是一個人在夜裡趕路，一路上沒有燈，黑漆漆的，愈走愈害怕。怕什麼呢？怕黑夜裡有鬼，怕黑夜之中突然跑出什麼野獸攻擊。但如果是打了燈，或者幾個人結隊一起走，就不會覺得不安了。

當自己覺得不安的時候，要反問自己：「不安是為了什麼？」比方說夜裡有人在你背後吹了一口氣，你感到害怕，開始胡思亂想，而你往後一看沒有人，就更加疑神疑鬼了。在這種情況下，其實可以找別人來看一看，是不是真有什麼看不見的東西？也可能什麼都沒有，只是自己的心理作用。遇到任何不安的狀況，如果能夠面對它、正視它，問題往往也就消失了。

懷抱信心，人生就有轉機

除了正視問題，也要對未來懷抱信心。我有一個信眾，原來是個建築師，有一陣子經商失敗，資金被套牢，全家頓時陷入絕境。但是孩子還是要上學，日子還是得過下去，怎麼辦呢？他搬離原來的住處，改租一間幾坪大的房子，全家人擠在一起，一天只吃一把麵。他們還是撐過來了，現在全家人過得很好。

這就是說，當你心理上覺得已經走到絕境、無路可走，不敢往前走，也不想往前走，這種心態非常危險，會把自己的未來和整個家庭帶入絕境。如果說心態調整一下，相信天無絕人之路，相信今天能過，明天也一定能過，相信今天只吃一把麵，明天應該也可以找到一把麵吃——永遠對未來懷抱信心與希望，這樣的時候，人生就會跟著改變。

心平氣和處理事

有的人經常在抱怨，抱怨這樣、抱怨那樣，對這個人不滿意、對那個人批評，好像什麼事都不順心、不滿意，為什麼呢？因為自己沒有安全感，沒有安全感的原因，可能是曾經被某一個人或在某些狀況下受到傷害，從此缺少安全感。其實抱怨、批評，或者反擊，往往只會造成自己更大的傷害，使得生活環境更加混亂，這樣對事情沒有幫助，也不能解決問題。

該怎麼辦呢？要練習心平氣和地處理事，試著去理解事情發生的可能原因。比方說有人對我不友善，一定是有原因的，也許真是我給他的打擊，也可能是其他原因所致。而如果是我帶給他麻煩，那我要向他道歉，是我對不起他；如果不是因為我，而是另有其他因素使他煩惱，那我更不需要反擊他、埋怨他，反而要看看還可以怎樣地幫助他。如果是這樣子，我們的心經常是安穩的，生活是安定的，人生也一定是平安的。

（二〇〇八年十二月四日年代新聞台於北投雲來寺專訪節錄，收錄於《心安平安，你就是力量！》）

生命，哲學難以解決的問題

生命是有生必有死，每個人都會「走」的，只是時間的早晚不同。就信仰來說，每一個正信的宗教，都能使亡者在臨終時有一個目標可以去，不會徬徨無依和心生恐怖。對於不同宗教的信仰者，我們可以用自己的信仰和當事人的信仰，幫助臨命終者到他想去的地方。

面對生死問題，完全靠理性、知識的力量是不夠的，特別是面對親人的生離死別，光是理性的觀念紓解，未必能勇敢地面對和接受，此時必須靠宗教信仰。

例如，有一位很知名的人文學者，一向不主張人生需要宗教信仰，但是當他的母親往生時，他發現自己一生投入的哲學卻幫不了忙。於是，他開始接觸各種宗教，體會宗教是一種心靈的寄託，而佛教又特別強調能夠用自己的力量幫助自己。所以，人在生前最好要有宗教信仰，用宗教的力量來幫助自己；但如果生前沒有宗教信仰，就只好靠他人的力量來幫助自己。以佛教來講，念佛、助念就是藉由他人的力量，把心意與信心不斷地傳達給往生者，使往生者能感受得到他助的力量。

人在世的時候，因為有身體的關係，所以感受較遲鈍。但是當色身生命停止以後，只剩下敏銳的神識，尤其親人的念佛，往生者很容易接收到。如果親人往生時，家人不在遺體的身邊，即使是遠在海外的念佛和心念，往生者還是能感受得到。中國人迷信請法師誦經比較有用，其實法師主要是帶領亡者和家屬一起誦經、迴向親人。

至於有些人在親人往生後，會夢見親人，往往是因為親人對往生家屬的思念與懷念，因為夢只是夢，平時我們偶爾也會夢到某人，但不代表對方進入你的夢中，向你託夢。

原則上，亡者臨終以後，很快就到西方極樂世界或是投胎轉生，因此不需要託夢；生前造惡業的人，臨終以後很快就轉生地獄道或畜生道，他們也不需要託夢。所以託夢，並不可信。

（刊於《法鼓》雜誌一六一期）

問題來了，心平氣和地處理

碰到了問題，是需要用智慧去面對的。不過前提就是，如果不能心平氣和地，那就很難處理、解決問題。心平氣和地面對問題、接受問題、處理問題，解決之後把事情放下。

為什麼說要心平氣和呢？如果心不平、氣不和，就很容易說錯話，反而使問題更嚴重，就算和對方爭得面紅耳赤，也不會有幫助。

但是，在遇到問題的當下，要怎麼去調伏自己的情緒呢？其實在當下是很難的，也因此，平常就需要練習著觀察自己的起心動念。這就好像是軍隊在作戰一樣，要靠平時的演練，一旦上戰場，才不會自己亂了陣腳。可以想像一下，如果一個士兵在戰場上，內心是慌亂的，那一定會出問題的。只有一心想著如何執行任務，把自己的安危置之度外，才有可能達成勝利。

在平常生活當中，道理也是一樣的，遇到問題發生了，不要只是考慮到自己的地位與身分，而是要去面對問題、處理問題。如果平常就心浮氣躁的話，那麼面對問題的時候，內心也就很難安定了。

保持正念、清淨、心平氣和，這些其實都是佛法。佛法的內容並不會很宗教化，也不神祕，而是一般人日常生活中都可以用得上的。佛法最主要的作用，就是要落實於生活之中。這需要每一個人去體會，身體力行地去做。

佛法是覺者佛陀的智慧，我是把佛法做了轉述，使深奧的古代語文演繹出現代人能夠聽懂了解的語言，並且能夠與實際的生活配合。至於佛教的信仰，可以分幾個不同的層次。如果只是祈求佛菩薩給我們保佑與加持，雖然有用，但還是不夠好；向佛菩薩學習，把佛法應用在生活之中，自利利人，這才是學佛最終的目的。

（刊於《法鼓》雜誌一六三期）

愈看愈是個美人

愛美是人的天性，現代女性為了追求美麗，花費了許多金錢來整容、塑身，或是購買高級化妝品，所以在各種媒體上，我們經常可以看到琳瑯滿目的化妝品、整型美容廣告。這些現象反映出現代人因為心靈空虛，所以致力於追求外表的美麗，希望吸引別人的注意力，來證明自己的價值。

雖然說：「人不可貌相。」但是現今社會，多半是以貌取人；而且所謂「人要衣裝，佛要金裝」，或是「女為悅己者容」，基於這些理由，把自己打扮得美一點似乎沒有什麼不對。可是如果將打扮看得太重要，變得走火入魔，又太過分了。就像在「東施效顰」的故事裡，西施顰眉捧心看起來之所以美麗，因為那是她自然的舉止，並非造作而來，東施刻意模仿，反而成了醜八怪。所以，真正的美必須從內心散發出來，如果沒有美好的內心質地，就不可能擁有真正的美。

真正的美，需要長時間慢慢的體會。第一印象的美，則是看到容貌或表情所留下來的瞬間印象，很容易偽裝、騙人。所以，一個人的美醜，需要經過相處才能知道。如果第一印象看到是美的，以後也愈看愈美，才是真正的美人；如果不是真正的美，經過一段時間相處後，就會由美變醜。所以第一印象的美不能做為判斷的標準，因為有可能只是化妝的效果。

像現在一些明星的婚姻非常脆弱，往往一見鍾情之後就馬上結婚，結婚以後又沒有進一步相互了解，於是彼此就愈看愈不順眼，最後只好離婚。為什麼呢？別人都羨慕他們美好的容貌，但是他們卻彼此愈看愈醜，愈看愈不是味道，最後只好離婚，原因可能就出在他們缺少真正內涵的美。

所謂「內涵的美」是什麼？是一顆真誠的心，換句話說就是：「我是什麼，就是什麼。」除了天生的容貌之外，透過教育、修養，所培養出真誠坦率的性情，這才是真正的美。

曾經有一位居士的女兒，自覺容貌羞於見人，所以我每次到她家去，她就躲起來不見人。她爸爸說：「我的女兒就是這麼自卑，不願意讓別人看。」我說：「沒什麼好怕的，不管她長什麼樣子，只要用真面目見我，就是最美的。」他女兒聽到後，自覺不太好意思，於是就從房裡走出來見我。我對她說：「妳不醜啊！可是妳如果老是覺得自己長得醜，就會真的變成醜八怪。妳要這樣想：『我有謙虛心、我有慈悲心、我有真誠心，我一點也不醜。』」

幾年之後，這個女孩的態度變得落落大方，再也不怕出門見人，我問她：「妳還覺得自己醜嗎？」她笑說：「我不醜！師父，謝謝你。」

所以主宰美醜的是自己的內心，而不是外在的容貌。先將自己的心轉變為美好的心，別人就會覺得妳愈看愈耐看，愈看愈是個美人！

（《大法鼓》一五九集，刊於《人生》雜誌二七一期）

人人都有社會地位

「社會」是人與人共同生活的環境裡，因彼此關係集合而成的組織，舉凡家庭、學校和公司都算是小型的社會，而「個人」則是組成社會最小的單元。因此每個人在社會中，都同時扮演許多不同的角色。

一個人的角色如果扮演得恰到好處，在團體裡受到別人的肯定與尊重，讓別人覺得你很重要，而得到社會的認同，這就是他的社會地位。所以，任何人都有自己的社會地位，甚至是弱勢團體的一分子，只要在社會組織裡，發揮自己的社會功能，盡心盡力把應盡的責任完成，不管影響力大小，都能擁有屬於自己的社會地位。即使是一個流浪漢，也有其社會地位及社會角色，只是這個角色不會讓人尊敬，而是讓人同情、關懷。

想要得到社會的認同，便要懂得付出。只要覺得自己做得很好，就是得到自己的認同；如果和許多人共事，別人也認為你做得不錯，那就是得到別人的認同；漸漸地，認同、擁護你的人愈來愈多，你的影響力便愈來愈大，最後就會得到一個眾所肯定的社會地位。

曾經有一位社會運動家，他開始從事社會服務時，出名的總是別人，可是這位幕後英雄不斷默默地耕耘，到最後感動了無數人，許多人都擁護他，讓他成為最受人尊敬的社會領袖。由此可見，偉大的社會領袖，通常不在乎自己是不是有地位或名望，也不考慮自己的利害得失，只是腳踏實地、一心想著付出。

其實，只要活在社會組織裡，每個人都會有自己的社會地位。所以，我們不一定要從政或是參與盛大的社會運動，更不需要汲汲營求更高的社會地位，也不需要唯恐全世界不知道自己的重要。只可惜，許多人忽略了自己目前所處的地位，只是一味往遠處、高處看，這是不切實際的想法。如果心裡只想著個人社會地位的高低，只想著如何贏取別人的認同，或是只想踩著別人的肩膀往上爬，只想利用別人，不願成就別人，最後一定會受到大家的批評。即使當面不說，背後也會指責他沽名釣譽、好大喜功、爭功諉過；即使在世的時候，擁有虛假的社會地位和社會名望，一旦死後，大家依舊會唾棄他。

因此，我們不要苦心爭取社會地位，也不要從比較、差異的角度去看自己的社會地位，應該從平等、平實的角度來肯定自己。因為，你所扮演的角色，就是你的社會地位；接受自己的立場，就是接受自己的地位。最重要的是，要清楚自己的立足點、知道自己在做什麼，而且，只要做得心安理得就好了。

（《大法鼓》一七四集，刊於《人生》雜誌二七二期）

慈悲的溫暖

「暖」不是熱，「涼」不是冷；熱是煩惱，暖是慈悲。對於自己的修行如果太熱心，會變成急躁，也會變成煩躁；如果是暖，溫暖的暖，也就是說不讓自己修行的信心和努力冷掉，經常保持有溫度，那就不是一曝十寒。念佛不是一個星期到農禪寺來，才是念佛，平常也要念佛。到農禪寺來念佛叫共修，日常生活裡念佛叫自修，假如僅僅到農禪寺才念佛，而平常不念佛，等於曬過一次太陽以後，一個星期再也不見太陽，這樣你的溫度就降低了。應該保持我們修行的溫度，除了進農禪寺共修以外，平常也念佛。

共修念佛就好像是加熱——快要冷了，給它加一加熱。然後再保持溫度——平常也念佛。如果沒有共修念佛的機會，那一直冷下去，要再提起念佛的信心和樂趣，就比較不容易，所以共修念佛很重要，平常念佛也重要。

諸位一定知道，如果身體健康，一定感覺到很舒服、很柔軟，也很溫暖；如果身體不舒服，就會僵硬，或者是發熱、發寒。同樣地，我們的心如果是健康的話，也是輕鬆的、愉快和溫暖的。以溫暖的心來看我們的世界，沒有一樣東西是討厭的；以輕鬆的心來看我們這個世界，沒有一樣事情不值得我們歡喜。相反地，如果以冷冰冰的態度來看這個世界，這個世界就沒有什麼好玩了。如果以很熱的心態來看我們這個世界，有時候還不錯，有時候會不好。熱度是一種煩惱，你很熱心是好事，可是有時候是一種很強烈的煩惱，不是貪就是瞋，所以才會心裡發熱。如果以溫暖的心來看我們這個世界，就是對所有人關懷，對所有人同情，對所有人慈悲。

每一個人都知道，如果有人對我們關懷，我們會感覺到一種溫暖，如果沒有人關懷我們，就會感覺到這個世界很冷酷，所以佛菩薩的慈悲是溫暖的關懷，我們學佛的人，念佛的人，應該要像佛那樣地去關懷、去照顧人。我現在請問諸位，我們究竟是希望人家來照顧我們呢？還是我們去照顧人？是希望佛來度我們呢？還是願意自己也發願去度眾生？很多人都很自私，都希望人家來關懷我們，而很少想到我們自己去關懷人、幫助人、慈悲人。什麼原因呢？就是我們的溫度不夠，我們的心沒有溫暖，我們的心是冷的，所以很容易吸收人家的暖氣。如果大家都在吸收別人的暖氣，我們這個世界會變成什麼樣的世界？變成冷酷的世界。當每一個人都感覺到冷酷的時候，這個世界就很可怕，變成地獄了，我們還沒有死，就感覺到地獄的可怕在我們的四周。

其實我們每一個人都有溫度，每一個人都有很好的條件和能力去關懷人、幫助人、慈悲人，但是我們自己不願意去做，很多人都希望求佛、求菩薩、求神的保佑和賜福，而自己沒有想到也去保佑人，也去賜福給人。這種人多半這樣講：因為我是凡夫，所以求佛、求菩薩、求神來幫助我，我沒有力量幫助人。很多的人經常期待著貴人相助，但是沒有想到自己就是其他的人的貴人，自己就可以付出溫度和熱度來幫助人！如果人人都期待著貴人的幫助，那誰是貴人呢？誰能幫助人？那就只有等待佛菩薩或神變化成貴人來救我們、幫助我們了。事實上，佛菩薩變成貴人來幫助我們的情形是有，但不是常常有。既然我們有心要學佛、信佛，我們學佛的什麼——學佛智慧的清涼，學佛慈悲的溫暖；也可以倒過來說，清涼的智慧，溫暖的慈悲。我們以清涼來影響他人，以慈悲來幫他人，如果人人這樣，那我們這個世界很快就變成淨土了。只要有一部分的人這樣做，我們這個世界就能夠得到改善。如果我們在一天之中，有一部分的時間想到自己是佛教徒，自己是念佛的人，應該有溫暖的慈悲，有清涼的智慧，則不僅對我們自己，就是對我們的環境，都會產生非常好的影響。

但是很多的人都希望人家慈悲自己，希望人家有智慧，而說自己是愚癡的人，是凡夫，沒有慈悲，所以希望人家做好事，自己不要做；希望人家來幫助我，我不要幫助人；人家的東西都是我的，我的東西不是別人的。如果我們這個世界像這樣的人愈來愈多的話，這不是地獄是什麼？所以學佛的人，念佛的人，一定要真正的向佛菩薩學習，學習什麼？清涼的智慧和溫暖的慈悲，這樣子，才能使得我們這個世界產生兩個結果，就是我們大殿上掛的兩句話：「提昇人的品質，建設人間淨土。」很多人自己不希望提昇自己的品質，卻希望別人的品質提高，自己一天到晚不做好事，不說好話，不存好念，但是希望能夠生到淨土去，這種想法實在是太自私了，自己的心不清淨，怎麼能夠使得我們這個世界清淨呢？

慈悲也好，智慧也好，一個人既有慈悲又有智慧，這個人的品質一定會好，所以學佛、念佛能提昇人的品質。有慈悲有智慧，你的品格、品德一定要比沒有學佛的時候好，自己學佛能夠影響我們的家庭少一些口角，少一些煩惱，少一些是非。能夠影響我們生活環境其他的人也能少一些口角，少一些煩惱，少一些是非，那我們所處的環境就比較寧靜，比較乾淨，這樣就是人間的淨土出現了。

現在因為了解佛法的人不夠多，可以說很少，知道如何產生清涼的智慧和溫暖的慈悲的力量的人不多，所以我們所見到的世界不是淨土，我們的品格無法好！我們農禪寺就是在推動、在推廣這兩句話的運動，這兩句話運動的推廣是朝兩個方向在做，第一是教育培養更多能夠弘法利生的人才，而且是高級的，有修行又有學問的僧俗二眾的人才，為我們這個世界提供更多佛法的教化。另外一方面，我們也推動著「法鼓山勸募運動」。因為我們要教育人才，需要有地方，需要有教育的環境，所以我們需要錢，我們現在正在募款。參加募款的人同時就是在實踐、實行和推動這兩句話的精神。也就是說，每一個參加募款的人，自己本身就能夠以佛法的觀念或方法來提昇自己的品德和品質以推廣人間淨土的實現。由此可見，募款的運動可達到兩種目的，第一，參加募款的人，本身就能夠得到佛法的利益。第二，在募款的時候能夠接觸到不同的人，使得被我們接觸到的人，也受到佛法的利益而提昇品質和建設淨土。

現在我們臺灣人口有兩千多萬，佛教徒大概是百分之六十以上，出家人大概有兩萬多人，可是諸位聽到講經的、弘法的居士、法師並不多，為什麼？因為我們沒有培養，我們要有環境來培養——這就是我們中華佛學研究所、法鼓山事業的目標。所以參加建設法鼓山募款運動的人，一方面是成就高級的人才來弘揚佛法，另一方面，自己本身也得到佛法的利益，而且影響他人共同來提昇人的品質，建設人間淨土。今天把這兩句話向諸位介紹，也鼓勵不知道法鼓山，不知道有這勸募運動的人能夠到我們護法會拿資料來看一看。我們如果覺得這個世界不夠好，我們的生活環境不夠安定、安全，我們應該努力增長自己的智慧、增長自己的慈悲，同時以我們每一個人的影響力使我們的環境、我們的國家、我們的社會變成像我們所希望的那樣，那就一定要付出我們努力的代價。付出努力的代價，就是我們一邊要增長智慧，增長慈悲，一方面也幫助人，讓每一個跟我們接觸到的人也有慈悲心，也有智慧。我沒有把法鼓山是什麼介紹給諸位，今天只是把這兩句話的精神給諸位做一個大概的介紹。願諸位能夠提昇自己的品德、品質而建設我們共同的淨土。

在我們外殿彌勒菩薩的後邊，有一個模型，那就是將來法鼓山的建築圖型，那裡邊有研究所、寺院和一個大的禪堂，也有關房，還有很多的寮房等，大家都有份，希望大家共同來參與我們的法鼓山。

（一九九〇年七月二十二日北投農禪寺念佛會開示，刊於《人生》雜誌八十四期）

念觀音．求觀音．學觀音．做觀音

我們知道，根據《阿含經》記載，釋迦牟尼佛住世的時候，在他尚未成道以前，就稱為「菩薩」，甚至於在釋迦牟尼佛的往昔生中，在他度化眾生的生生世世之中，都稱作「菩薩」。但是，佛經裡的「菩薩」一名，除了是釋迦牟尼佛成佛以前的專有尊稱之外，此外尚有彌勒菩薩、文殊菩薩、普賢菩薩、地藏王菩薩和觀世音菩薩等，也都敬稱為菩薩；特別是觀世音菩薩，在華人地區的漢傳佛教以及西藏人民所信仰的藏傳佛教，一直都是相當普遍的信仰。

「觀世音菩薩」這個名字，出現的時間相當早，在印度初期大乘佛教時期就有，大約是在龍樹菩薩的時代就已經出現了。他最早出現於早期中印度的摩揭陀國，是當時釋迦牟尼佛經常弘法的中心地帶，若以西元紀年來講，「觀世音菩薩」此一名稱的出現，則早於耶穌基督誕生之前。

念觀音：觀音信仰的出現

觀世音菩薩在梵文佛經裡稱為「阿縛盧枳帝濕伐邏」（Avalokiteśvara），他具有千手千眼，隨時準備救度眾生。而觀音信仰是如何產生的？那是因為釋迦牟尼佛住世的時候，他非常地慈悲，他教導眾生如何地離苦得樂，主要是從身心的煩惱出離而得解脫。但是，釋迦牟尼佛也告訴大眾，當你的自信心不夠，深受苦惱或者值遇危險、畏怖的時候，你們就念佛、念法、念僧，念三寶，日後則也出現念天人的救濟、念持戒的功德、念布施的功德，即成「六念」。

六念是很有用的，但是漸漸地，大家只對六念之中的「念佛」有信心，其餘則信心不足。等到釋迦牟尼佛涅槃之後，佛的色身已經不存在了，可是眾生還是需要佛的慈悲救濟、需要佛的無畏救濟，需要佛的無有恐怖的救濟，以及佛的種種對於人的救濟，因此便有了菩薩信仰。

觀世音菩薩信仰，正代表著釋迦牟尼佛住世的精神與住世的功能，而且不僅僅是在某一個時代住世，也不僅僅是在某一個地方救度眾生；觀世音菩薩乃是遍於一切世間，只要世間有任何一個眾生持念他的名號，希求觀世音菩薩的救度，觀世音菩薩便及時而至，產生救濟的功能。

我們可以在許多的佛經裡看到觀世音菩薩的出現，主要有兩個方向的發展。第一個方向是觀世音菩薩對苦難的眾生、對煩惱的眾生的教導，幫助他們離苦得樂。所謂離苦得樂，可有兩種苦和兩種樂。第一種苦是生活上的苦，以及恐怖、不自在、不自由；另一種苦是沒有智慧、煩惱重，不得解脫。在這兩種層次上，許多經典都提到了觀音菩薩的修持方法。

另一個方向，觀世音菩薩與往生救濟的阿彌陀佛關係密切。許多人活著的時候，都希望少煩少惱、健康平安、快樂順利，然而每一個人都將面臨死亡，當死亡來臨之時怎麼辦？很多的佛教徒知道要念阿彌陀佛，卻不知道亦可念觀世音菩薩，其實凡是有阿彌陀佛的地方就有觀世音菩薩，凡是提倡淨土、念佛法門的經典，也一定讚歎觀世音菩薩；況且，觀世音菩薩就住在阿彌陀佛的極樂世界，他是阿彌陀佛的脇侍，也是阿彌陀佛一生補處的佛。因此，許多的經典都這麼講，眾生在釋迦牟尼佛涅槃以後所希求的救濟，多是從觀音信仰中得到的。

求觀音：觀世音是我們的保母

觀世音菩薩就像是我們的保母，他是眾生的救濟者、護持者和平安的守護者，是我們一生都需要的。當我們行將往生的時候，觀世音菩薩則化身成為阿彌陀佛的脇侍，擔任西方極樂世界的接引者。而到了西方極樂世界以後，他儼然又是一位教化者，凡是到了西方極樂世界的菩薩，都受到觀世音菩薩的慈悲教化。我告訴諸位，如果是下品下生的眾生，到了西方極樂世界是見不到阿彌陀佛的，但是漸漸的，可以見到觀世音菩薩，然後經由觀世音菩薩的教化，漸漸地，我們的業障會消除，而能夠見性見佛；能見到自性佛，也就能見到阿彌陀佛，而那是觀世音菩薩等的教化所致。

在我們每一期的生命之中，從小到老、由生至死，以至到達西方佛國淨土的過程之中，觀世音菩薩的慈悲是無所不在、無時不在，而且無人不救，任何一個眾生他都救度的，這是觀音法門的殊勝。這便是為什麼在漢傳佛教也好，在藏傳佛教也好，所有被大家倚賴、信仰和崇拜的大菩薩，主要還是觀世音菩薩，同時各種經典裡的諸佛菩薩，也都鼓勵眾生念觀音菩薩、修觀音法門。

我講到這裡，大家覺得如何呢？是否覺得觀世音菩薩就像是我們的保母？觀世音菩薩是經常跟我們在一起？觀世音菩薩的中文譯名有好幾個，如「觀音」、「觀自在」、「觀世自在」、「光世音」、「觀世音自在」、「觀世自在者」等。

當我們有困難的時候，只要我們向觀世音菩薩祈求，就能立刻獲得觀世音菩薩的救度。可是如果我們自己不想被救，「芝麻不開門」，則即使觀世音菩薩近在我們身邊，也是無法可施。可是只要我們有被救的需求，縱使我們是愚癡、罪惡、卑微的，觀世音菩薩一定會來救濟我們，因為觀世音菩薩是平等的救濟一切眾生，故名為大悲觀世音。

學觀音：觀音法門的修持

至於觀世音菩薩的修行方法，可以由深入淺，亦可由淺漸深；可以是自力救濟，也可以是他力救濟。所謂自力救濟，如《楞嚴經》講的「耳根圓通法門」；也有比較簡易的方法，如持〈大悲咒〉，也一樣可以得解脫，除一切罪障，成就無上佛道。對世間的眾生來講，觀音法門是可深可淺，能深能淺，遇深則深，遇淺則淺，是每一個人都可以修持的。

首先講《楞嚴經》的「觀音耳根圓通法門」。《楞嚴經》卷六講，在過去無量劫以前，觀世音菩薩遇到一位觀世音佛，此佛受到觀音菩薩的悲心感動，傳授他從聞、思、修入三摩地的法門，叫作「聞熏聞修金剛三昧」。此金剛三昧，實際上是從「入流亡所」開始。這是什麼意思？當我們持〈大悲咒〉也好，念觀世音菩薩聖號也好，你在持念聖號，你聽到聲音，但是漸漸地你把聲音忘掉，名號就不是與你對立的。「入流亡所」的意思是說，你自己用功，不斷地用功，用功到心無二用，心中只有一個念頭在念觀世音菩薩。

念觀世音菩薩的時候，你不要想到有一個觀世音菩薩在裡頭，你念觀世音菩薩直到你忘了自我，而你還是專注於觀世音菩薩的聖號，這就叫作「入流」，就是心止於一境，身止於一念。這個時候，你不要再抓住它，如果你說「我在念觀音菩薩」，這還是有對立的，那還不叫作「忘所」。「所」就是對象。持觀音聖號而忘掉了自己，也忘掉了聖號，不把聖號當成自己修行的對象，也不把持名當作修行的方法，就叫作「入流亡所」。

但是「入流亡所」，是不是等於開悟了？沒有，只能夠說你的心是統一的。「入流亡所」之後要「反聞聞自性」。你持念的時候有聲音，這個時候，你聽到了聲音，慢慢的用心聽，你會覺得自己沒有念觀音菩薩，心外也沒有觀音菩薩的名號。不用耳朵去聽，耳朵聽到的聲音已經不存在了；聽自己的內心，內心是什麼？內心是無我的自性，自性即是緣生的空性，空性即是無性。這個時候，反聞聞自性，自性你聽到了，你就悟得三昧了。這是《楞嚴經》告訴我們的「觀音耳根圓通法門」。

《楞嚴經》教我們一個步驟一個步驟的修行，這是觀音菩薩自己的修行歷程，也是觀音佛教導他的修行方法，修成之後他悟得了「聞熏聞修金剛三昧」，又叫作「如幻聞熏聞修金剛三昧」，又叫作「如幻自在聞熏聞修金剛三昧」。能夠得此三昧，也就能產生兩個功能：「上合十方一切如來同一慈力，下合一切六道眾生同一悲仰。」觀音菩薩在悟得金剛三昧之後，對上，他代表一切諸佛的功德，代表一切諸佛慈悲的力量；對下，他承受體會一切眾生的苦難、困厄與憂患，這些問題都是他的問題，這些體驗全是他的親身感受，因為他跟眾生是平等的，他與諸佛也是平等的。

除了耳根圓通法門之外，觀音菩薩的修行方法尚有《法華經．普門品》的持念觀音菩薩方法，以及《大悲心陀羅尼神咒經》的持〈大悲咒〉法門。其實，不論是念觀音名號或者持〈大悲咒〉，都能讓我們的祈願圓滿，讓我們有求必應，讓我們遠離一切的恐怖、困難，因此觀世音菩薩又叫作「施無畏者」，他布施無畏給一切眾生。眾生經常心懷恐懼，覺得這樣不安全，遇到那樣不平安；自己沒有信心，覺得很恐慌，對於身體、家庭、事業等一切圍繞著自己的狀況，自己是沒有把握的，因此產生恐怖。《楞嚴》、《華嚴》、《法華》、《大悲陀羅尼》等諸經則告訴我們，當我們覺得任何不安全、心有恐怖的時候，只要念觀世音菩薩、持〈大悲咒〉，就能遠離一切的恐怖、困難。

觀世音菩薩是有求必應的，眾生求什麼得什麼，求捨什麼就捨什麼！譬如有些事情、有些狀況你希望不要再有，你求觀音、念觀音，問題就能迎刃而解。譬如去年（二〇〇六年）我害病的時候，醫療人員在我身上檢驗出有癌細胞，他們滿緊張的，而我們法鼓山的僧團和信徒都在念〈大悲咒〉、持〈大悲咒〉迴向給我。結果經過一年以後，到現在為止，癌細胞沒有再形成病變的跡象。我相信這是觀世音菩薩的護佑。

做觀音：行菩薩道是大乘菩薩的精神

另外，《華嚴經》講到善財童子五十三參，其中第二十八位參學的大菩薩就是觀世音菩薩。《華嚴經》有新譯本及舊譯本兩種，舊譯本裡提到的補怛洛迦山，就是新譯裡面的光明山，那是在南印度的一座山，即觀世音菩薩的根本道場。《華嚴經》講的觀音法門是大悲光明法門，這跟〈普門品〉和《楞嚴經》的觀音法門是相同的，都是教導眾生遠離恐怖：活著的時候遠離恐怖，臨命終時也遠離恐怖。

講起來，念〈大悲咒〉也好，持觀音名號也好，都有這種救濟的功能，而最後的功能是什麼？《楞嚴經》講的很清楚，觀世音菩薩有三十二種應化身，他能夠救濟一切希望得解脫的眾生，所有的三十二類眾生，都能獲得觀世音菩薩的平等救濟；當眾生需要他用什麼身分現身說法時，觀世音菩薩都能應時化現，使得各類眾生同得解脫，成就佛道。

這就跟《華嚴經》裡觀世音菩薩對善財童子的教導是一樣的。善財童子本身已有很好的修行，他已無有恐怖，觀世音菩薩主要教導他的是修觀音法門：以平等大悲心來廣度眾生，以平等大悲心來成就眾生，即修行菩薩道。

修行菩薩道即是觀音法門的重點。我們修行觀音法門的人，如果僅僅是求觀音菩薩讓我們平安、順利、不要有病痛，生兒育女聰明乖巧，事業發展有成，這是自私，不是行菩薩道。雖然我經常鼓勵大家在自己沒有信心、無法自主、沒有辦法自己除煩惱的狀況下，可以求觀音菩薩、念觀音菩薩，或者持〈大悲咒〉，但是我們持〈大悲咒〉、念觀音菩薩、修觀音法門，目的是為了修學菩薩道。善財童子向觀世音菩薩參學，並不是他為自己有求於觀世音菩薩，而是向觀世音菩薩學習如何的體驗、體現佛的慈悲廣度一切眾生，學菩薩行、修菩薩道來幫助眾生離苦得樂，成就菩提。這是觀音菩薩的大悲法門。

觀世音菩薩的大悲法門一定是平等的。二〇〇五年法鼓山開山落成大典的主題就叫作「大悲心起」；「大悲心起」的涵義，非常地豐富，也非常地廣。譬如法鼓山的祈願觀音殿，由內到外共有三幅字，分別是「入流亡所」，要我們修觀音法門；其次是「大悲心起」，要我們以大悲心來平等地普度眾生，平等地救濟世界；第三是「觀世自在」，對於世間所有一切六道眾生，不管在任何地方、任何時間，只要有任何一個眾生有任何的困難，都能及時來給予幫助，這就是觀世音菩薩的平等大悲法門。如同「千江水映千江月」，觀世音菩薩遍於十方一切世界，能夠廣度一切六道眾生。

觀世音菩薩具有如此悲懷，我們要不要學呢？如果我們有心想與觀世音菩薩相應，就一定要學習觀音菩薩的法門，否則光是為自我的私利私事祈求雖然有用，卻不能得解脫，不能成佛道，也不能成為菩薩道的修行者。

大乘菩薩道的精神是念菩薩，求菩薩，學菩薩，做菩薩，這才是修學菩薩道的積極態度。光是念菩薩求菩薩，希望自己得平安、得安樂，希望家庭得平安、得安樂，而往生的時候希望阿彌陀佛、觀世音菩薩趕快來接引我們，這不是菩薩道的實踐。我現在告訴諸位，往生的時候要等阿彌陀佛親自接引的人，必須是上品的根器，中品、下品根器的人，是見不到阿彌陀佛的，只能先見到觀世音菩薩。而只要我們念觀音、信觀音，觀世音菩薩就能成為我們由生至死，一直到開悟成佛的護佑者；生生世世，觀世音菩薩都是我們的保母。

至於觀世音菩薩隨侍於阿彌陀佛身旁的此一角色，在《無量壽經》、《觀世音菩薩授記經》和《悲華經》都講到的。《悲華經》講，久遠以前有一位如來，他的過去生是轉輪聖王，此轉輪聖王育有一千個兒子，其第一太子名為「不眴」，出家後就叫作觀世音，而這位轉輪聖王就是阿彌陀佛。等到觀世音菩薩成佛以後，就在西方極樂淨土擔任教主、老師，繼續地廣度極樂世界裡的眾生。

另外，《觀無量壽經》則講到，觀世音菩薩頭上戴有一頂寶冠，寶冠裡有一尊阿彌陀佛。這尊觀音菩薩非常地巨大，他的背光與身光裡有許多的菩薩、天人和眾生，都在聆聽諸佛說法。那就等於說，觀世音菩薩的功德與諸佛是一樣的。

今天我講觀音菩薩的法門，目的是希望大家念觀音，求觀音，學觀音，然後做觀音。觀世音菩薩不只三十二種化身，而是有千百億化身，有無量無數的化身和無量無數的手眼，時時處處都能救濟眾生。至於觀世音菩薩的化身是什麼樣子的？你、我、他，都可能是觀世音菩薩的化身；你、我、他，只要用觀音法門來幫助人，只要用平等的慈悲心來對待人，就是觀世音菩薩的化身。因此，我常常鼓勵大家，我們每一個人，都來做觀世音菩薩的化身，我承認我是，你們呢？

（二〇〇六年十一月九日觀世音菩薩出家日講於美國紐約東初禪寺，刊登於《人生》雜誌三一二期）

從《心經》談如何安定人心

身而為人，生活在這個世界上，權利與義務是並行的，任何人都不可能只享權利，卻不盡任何義務。然而在今天這個社會，許多人不能掌握權利與義務間的關係，認為只要能夠爭取到的，就應該盡量爭取；如果不爭取，就好像很愚癡，是一種損失，結果造成輕忽責任卻很重視享有權利的錯誤觀念，並且引發種種亂象，以致於人心浮動不安；而少數人的心不安定，浮動沒有安全感，如果不妥善處理，就會造成整個社會不安定。就像一個金魚缸裡的魚原本彼此和諧相處，如果來了一條鬥魚，其他金魚就會遭殃，不得安寧。

如果從佛法的觀點來看，享權利而不盡義務是違背因果原理的，如同沒有種瓜而想吃瓜，沒有種豆而想吃豆，這是不合理的。常言：「種瓜得瓜，種豆得豆。」但是種瓜，一定可以得瓜嗎？種豆，一定可以得豆嗎？如果在肥沃的土地上種瓜，恰好風調雨順，季節到了，自然可以採收到許多甜美的瓜果；但是如果運氣不好，播種之後遇到狂風豪雨，氣候異常，收成勢必受影響。所以，佛法不但強調有果必有因，而且在因果的關係之中，還要加上因緣，因緣若是恰到好處，便會得到好的結果；因緣不具足，即使有好的因，也不一定會得到好的果。

然而因緣錯綜複雜不可思議，面對無法預知的因緣，要有「只問耕耘，不問收穫」的心理。努力耕耘，便會有收穫的希望；不耕耘，即使得到收穫，也是非分之財、橫財，不應妄取。而耕耘若有任何收穫，應該要對成就這因果、因緣的一切人事心存感謝。可惜社會上有許多人的因果、因緣觀念不明，權利、義務不清楚，自私自利的結果，反而為自己帶來困擾，也為他人帶來災害。自私的行為，表面上看起來是占了便宜，事實上是最吃虧的；不自私的人，看似吃虧，其實才是真正的利他又利己。

一、建立正確的人生觀

為了安定人心，應當先建立正確的人生觀，《心經》中指出佛教的人生觀包括以下三點：

（一）三世因果，還願受報

有一次達賴喇嘛在演講中談到生命的現象，有人問：「為什麼有的人造了惡業，沒有受到報應；反而是造了善業的人，沒有得到好報？」達賴喇嘛回答說：「這是因為你們不相信有過去和未來，如果你們相信有三世因果的話，這個問題就解決了，就不會覺得忿忿不平了！」其實，這就是佛教的三世因果觀念。

人除了接受果報外，從三世的因果觀來看生命的目的，還包括許願及還願。所以我們應該在這一生中不斷地努力，不管現在過得如意也好，不如意也好，都要一邊受報、一邊還願，不斷地努力、再努力。

（二）四大假合，歡喜自在

《心經》亦指出，我們的生命是由五個項目構成，分成兩大類：一類是屬於物質的，一類是屬於精神的、心理的。物質部分是指身體，是由地、水、火、風四大構成的。在出生之前是沒有的，父母生下我們之後才具備了；而這個色身，不是固定不變的，是從胚胎漸漸形成一個人，因為身體會不斷、不斷在變化，所以我們說這個身體是四大假合，是無常變化的。

除了色身等物質現象，舉凡世間諸事，都離不開無常的變化，生與滅、得與失都是相對的，因為有得、有失、有生、有滅，生命才得以不斷地成長。所以，我們要善加運用寶貴的生命，不管是來受果報也好，或是還願也好，應該歡歡喜喜地過，自自然然地面對，如此便能把生死看透。

（三）五蘊皆空，奉獻利他

《心經》所說的五蘊：色、受、想、行、識，其中第一蘊包括色身，後面的四蘊是精神體；用佛法的智慧來看，五蘊並不是實有的東西，只因為眾生太在乎自我，自私自利，所以有了五蘊的生命，而造種種的惡業。

可是菩薩知道由五蘊形成的生命，不管精神的也好、物質的也好，都不是永遠不變的，念念都在生滅、念念都在變化，在無常的變化中，唯有智慧是不變的。因此《心經》告訴我們，如果學觀世音菩薩，用佛法的智慧來照見五蘊皆空，了解生命是由物質和精神的五蘊所構成，都是空的，就能夠從自我中心的煩惱得到解脫。

可惜大多數人看不透無常、不明因果、不識因緣，所以產生許多執著。由於執著，所以不需要的也想要，不應該要的也要，不能夠要的也要，結果引發種種罪惡的行為，又因為這些罪惡的行為，使得來生又要再去受報。

相反地，如果是有智慧的人，不應該要的，就不會要，想要的東西，也不會刻意追求，即使得到了，也會奉獻給別人，並且以此來廣度眾生的苦厄，這就是由智慧而產生慈悲。唯有這種「以利他來自利」的智慧，才會讓我們的未來得到究竟的平安。

二、四要安定人心

雖然《心經》中已經告訴我們，什麼是正確的人生價值觀，但是當前人類由於物質文明過度蓬勃、社會結構變化太快，造成人們價值觀念混淆，不清楚什麼是真正的需要，什麼是貪求的想要，什麼是實至名歸的能要，什麼是責任所在的應該要。因為無法釐清這四要：「需要」、「想要」、「能要」、「該要」的分際，所以大部分的人都是跟著社會風氣潮流而人云亦云，只要別人有的，我也要有。

而且現代人「需要的東西不多，想要的東西太多」；不應該要的也要，不能夠要的也要。如果想要的得不到，便會導致內心不安定，社會問題叢生。

（一）需要 vs. 想要

生命與生存密不可分，確定了生命的目的，生活才有價值；而生活的價值是由主觀的自我中心，以及客觀的社會環境所共同建構而成的。在這個價值之中，有一些最基本「需要」的東西，是我們賴以生存的條件，包括物質、精神兩方面。物質的生存條件可以非常簡單，舉凡生活上最基本的吃穿，以及居住的生活空間、環境等，這是連原始人也可以很容易擁有的。到了現代社會，一些現代化的設施，如交通工具、電腦、電話等，也成為社會大眾的必需品。

「想要」是指除了必需品之外的額外需求，往往是為了滿足內心的虛榮，或是裝點外在場面的奢侈品、裝飾品等。不過，在不同的場合、不同的身分地位，需要有適度的莊嚴，所以也可以算是一種需要，但分寸一定要掌握得宜。

精神生存條件就不一樣了，如果是主觀的精神需求，希望自己生活得更快樂、更自在、更富裕、更滿足，這也是需要，因為對某些人來說，沒有了它就覺得生活沒有意思；但其實這是一種欲望，是為了滿足內心的空虛，所以也是自私的「想要」，因為站在大環境的客觀立場來看，沒有它，還是能生存，還是能發揮生命的價值。

生命中真正需要的東西並不多，只是從主觀的立場看，才覺得沒有了它生命很空虛，覺得沒有了它活得沒有意義，這純粹是個人的價值判斷。所以，如果只是講「需要」，定義非常模糊，在衡量與「想要」間的差異時，應該分別從自我觀點，以及總體客觀的立場同時來考量。

其實，在面對一些抉擇時，很容易混淆「需要」與「想要」，尤其當有錢、收入好時，自然會去買一些不需要的東西，例如鞋子還可以穿，但有新款上市後，因為害怕落伍而去買，在那個時候會認為跟得上流行，對個人生活是絕對「需要」的。可是，當經濟拮据時，就不會覺得跟得上流行是這麼的「需要」了。

（二）能要vs.該要

「能要」的意思是說，在個人能力範圍許可下，以努力付出而獲得所需要的東西，但若能力不足，就該讓賢，不應強求。

在我們的一生中有很多事情，包括名、利、權、位、感情等，著實引人欣羨與渴求，但是在想得到它時，必須仔細想想：自己的能力及付出是否實至名歸？是否已經水到渠成，而不是過度強求？如果付出不夠多，能力、因緣皆不具足，卻還希望能得到它，這便是貪圖非分，只會增加痛苦與傷害。

至於「該要」、「不該要」，若以時下年輕人流行的「只要我喜歡有什麼不可以！」而言，便是沒有分清楚該要、不該要的分際。許多人的欲望無窮，喜歡的、想要的事物太多了，這時候就應該自問：該不該喜歡？該不該取得？例如名位財勢，人人都喜歡，可是非分之名，是虛名；非分之財，是橫財、不義之財；非分之位是虛位，這些都不應該要。當然，如果是實至名歸，自是受之無愧，甚且是一種鼓勵。

（三）心靈環保

在我們的日常生活中，真正需要的東西並不多，想要的東西卻非常多；需要的東西應該要，想要的東西不重要。但是在這紛雜的社會環境中，如何平衡這「四要」？又該如何取得內心的安定呢？

我們應該從「心靈環保」的角度出發，一方面保護我們的心不受環境的汙染，增強對環境的「免疫系統」；一方面內心不要有妒嫉、憤怒、猜忌、自私等種種不好的心念，以免使得環境變得更糟糕；練習著時時覺察自己的起心動念，清楚知道自己的「需要」，化解個人欲望的「想要」。在人生的過程中，若能清楚明白這「四要」，便能有明確的方向感，而且也會過得很平安。

（一九九八年三月十三日講於臺北市國父紀念館「我為你祝福——新世紀共修

共願祈福法會」，原收錄於《我為你祝福》小冊子）

從〈普門品〉談如何自助助人

在《楞嚴經》中有提到，觀世音菩薩在無量劫以前，修行得到耳根圓通，從聞、思、修而入三摩地，然後進入無我、寂滅的境界；之後，體會到諸佛菩薩的慈悲願力，體念到一切眾生還在受苦受難，於是觀世音菩薩發廣大願，尋聲救苦，無處不現身，無時不度人，如同《法華經．普門品》所敘述的，只要稱念觀世音菩薩的名號就能夠有苦的離苦、有難的離難、有災的消災，有求必應，這就是觀世音菩薩的普門示現。

《心經》中則提到，觀世音菩薩以無上的智慧觀照到人的生命，是由五蘊和合而成，是暫時的、無常的，因為經常都在變化，所以是空的，不是真的有。然而一般人之所以會覺得受苦受難，是因為執著自我，如果又執著身體和心理受到煎熬的感受，就更加覺得苦難重重。其實，只要能夠了解到身心的反應和現象，都只是暫時的，不是實有的，不能恆常不變的，便不會覺得苦，便能從處處苦難的此岸，登上究竟解脫的彼岸。

因此，觀世音菩薩的修行法門剛開始是自利、自度的，最後擴大到利益眾生、廣度眾生的大菩薩行、大慈悲行，這就是一種自助助人的修行法門。

一、以四感為實踐的方法

在日常生活中，如何具體實踐自助助人的修行呢？可從「四感」——感化、感動、感謝、感恩來著手。

（一）感化——知慚愧、常懺悔

很多人都認為要用道理、方法才能感化他人，所以有所謂「感化院」、「感化教育」等，希望感化那些頑劣不化的人。但如果從事感化教育的人，自己沒有智慧與慈悲，不能以身作則，想要感化他人談何容易！

古人說：「人之患，在好為人師。」大多數的人都喜歡做別人的老師，可是如果自己沒有足夠的智慧和充分的慈悲，又如何教導他人呢？因此我經常自我勉勵，不要急於想要感化他人，應該先用佛法的智慧和慈悲來感化自己、修正自己；之後，方能以身作則，為人表率。

感化自己就是要知慚愧、常懺悔。慚愧是因為自己做得不夠好，希望能夠做得更好、更努力；懺悔是因為知道自己有做錯的地方，提醒以後不要再犯錯。以我個人來說，便是以佛法的智慧與慈悲來感化自己、調柔自己、修正自己、勸勉自己；我經常因為自己所知不多、所學有限，不能為社會做更多的奉獻而慚愧、懺悔，常常自我提醒當更加倍努力；同時，我也自覺無智無德，不足為他人的師範，而對我的弟子感到慚愧和懺悔。

經典中告訴我們，修行大乘佛法的菩薩要到了八地以上才成為無學；而小乘的菩薩也要到證了阿羅漢果後，才是無學。無學，就是不再需要學習了，不再需要學習懺悔、慚愧。或許會有人說：「菩薩怎麼還會有過失？菩薩還需要慚愧嗎？」事實上，菩薩要常慚愧、懺悔，才會愈來愈精進、愈來愈清淨、愈來愈能夠感動人。

可是偏偏有許多佛教徒都是拿經典來教化他人、感化他人，拿佛法的標準來要求別人。例如我在美國東初禪寺，有一位大陸來的居士，長久以來總是在一旁觀察我。因為他在大陸時有一位師父，告訴他善知識要符合十個條件，所以他就用這十個條件來衡量我，量來量去似乎永遠不滿意。後來他參加了我主持的禪七，禪七期間我告訴他們：「我很慚愧，我很懺悔，我只能以佛法來感化我自己，我感化不了人，我以感化自己來勉勵自己。」他聽了以後受到很大的震撼，而且很受用，於是來向我懺悔，從此不再拿著標準來量人。

佛法是來幫助我們修行的，不是拿來度量人的。可惜很多人不僅以佛法度量人，並且以世間的道德標準來要求人，卻不能以身作則，如此不但不能以佛法幫助自己，又怎麼可能對別人有助益呢？

（二）感動——智慧慈悲對人

有人會抱怨家庭裡的成員不夠好、不能滿自己的願；或覺得社會混亂，人心不安定。總認為別人都變好，自己就安全了，其他人都變得認真、負責，自己就幸福了；總是期待他人，認為只要別人都好，自己就有福報，但卻忘了自我要求，反省一下自己是否也滿了別人的願？

佛法提醒我們，修行應該從自己做起，以自己修學佛法，學習到的慈悲與智慧來感動他人，而不是要求他人，這才是最可靠的。智慧並不等於聰明、伶俐、反應快，或者是懂得很多知識、學問；佛法所講的智慧，是指不受煩惱所困擾，不因無明起煩惱，即使身處逆境，也能自在心安。

我常說：「用智慧處理事，以慈悲面對人。」例如最近發生的校園殺人事件，兩個女生為了搶男朋友而發生悲劇，其中不論被殺的或殺人的都是受害者，還有那位男孩子也是受害者。因為他們從小沒有接受佛法智慧與慈悲的教育，沒有佛法的正知正見，才會演變至今，他們的問題也反映出整個社會的問題。而只要有一個人犯了錯，就會造成社會上的不安，站在佛法的觀點，這是我們共同的業力所形成的，每個人應該都有一份責任。所以，我們要用慈悲心來看待他們，但是處理事情時，還是要以智慧來評斷，不能感情用事，以免因一時情緒衝動，有所偏頗而造成將來的遺憾。

這個世界需要佛法，自己實踐佛法是最可靠的，希望人家做到是不容易的。如果大家都能用智慧來處理事、以慈悲來對待人，自然能夠產生力量感動他人。

（三）感謝——順逆因緣皆恩人

應該以感謝的心來接受順逆兩種助緣。很多人只能夠感謝對自己有利的人，把他們當成是貴人，但是以逆境激勵我們成長的，也是貴人，也應該感謝。事實上，我們應該把所有我們遇到、見到的每個人，都當作貴人、當成恩人、都是有利於我們的人，如此一來，心中便能常保平安。

當年我準備到日本留學的時候，臺灣佛教界一片反對之聲，大家都在傳說：「不能讓他去日本，去日本就會還俗，如果贊成他去留學，就等於是送一位法師去還俗。」本來有位馬來西亞的華僑，答應全額資助我去留學，可是看到大家都反對，於是就改變主意取消贊助。當時，大家的不信任，雖然令我感到難過，但我將念頭一轉，心想：「這也很好，大家不信任我，我偏偏要叫他們看一看，我絕對不還俗！」到了日本，我因為經濟拮据，所以把在日本的時間計算得非常經濟，一天當成好幾天用，一個錢當成十個錢用，書讀得比別人都快。由於大家的反對態度，正好促使我趕快把書讀完。如今看來，這件事對我信心、願心的堅固，可說是一大助緣，如果沒有這些逆緣，就無法練就我的意志力。

此外，我的師父東初老人，對我最大的恩惠，不是給我經濟的資助，而是用「養蜂式」的教育方式培養我。養蜂人把蜜蜂帶到有花的地方，讓牠自己去採蜜，牠採了蜜自己吃，多的還可以供給人吃。我的師父用這種方法教育徒弟，並且告訴我：「很多人用養金絲鳥的方式教育兒孫，兒孫一定不會太好。因為金絲鳥天天要準備美味的食物餵牠，常常要照顧牠，但牠卻不能夠生產對別人有用的東西。」由於我師父對我的教育方式，訓練出我獨立面對問題的能力；再加上遇到任何問題，我以面對它、接受它、處理它、放下它的原則，用智慧來處理事，用慈悲來對待人，處理以後就放下，心中不再罣礙了，因此逆緣對我來說，不是困擾，而是值得感謝的因緣。

（四）感恩——奉獻回饋不求報

觀世音菩薩因照見五蘊皆空，所以已能度一切苦厄了，但他還是以種種形相、身分，來到十方世界廣度一切苦難的眾生，這是由於觀世音菩薩的慈悲，而其慈悲心則是從感恩心而來。

凡是得到佛法恩惠的人，必定會有感恩圖報的心，感謝三寶的恩德。但是三寶是很抽象的，例如報佛恩，佛將智慧、慈悲給我們，但是佛的化身已經不在了，要報佛恩，似乎已經沒有機會了，所以應該轉而為眾生奉獻、救濟眾生來報答佛的恩德。例如觀世音菩薩便是在佛那裡學得法後，又把法布施給所有的眾生。這不是自己對眾生施恩，而是為了感恩而來度眾生。

除了報三寶恩之外，凡是受恩於人，便應該要感恩圖報，有回饋心。所以我們也要報國家恩、報父母恩、報師長恩，這就是佛教徒常說的「上報四重恩」。報恩要及時，不要等到要報恩的時候，才發覺已經沒有機會了，而有「樹欲靜而風不止，子欲養而親不待」的遺憾。

隨時隨地心存感恩，以財力、體力、智慧、心力來做一切的奉獻。奉獻的時候，態度是恭敬的，而不是以施捨心來付出，否則便會自以為是施恩者，產生自以為了不起的心態，認為自己做了很多的功德，而且一心期待對方回饋，這是不知慚愧；相反地，接受布施或服務的人，則要把對方當成恩人，感謝他的恩德。也就是彼此都存著奉獻、供養、感恩、報恩的心，一方以感恩的心奉獻，另一方以感恩的心來接受。

很多人嘴上說是奉獻，其實心裡是在做投資生意，今天給了些什麼，明天就希望得一些回饋，事實上，這是利益交換，不是報恩，也不是奉獻，真正的奉獻是沒有條件的。

二、發廣大願心救濟眾生

凡夫眾生討厭苦難、逃避苦難，結果反而經常被苦難所困擾；菩薩不逃避困難、苦難，卻能深入苦難中來度苦難中的眾生，這就是觀世音菩薩的精神。初發心菩薩以利他來利益自己，以利他為目的，沒有想到對自己是否有利，這也是觀世音菩薩的法門。

「四感」就是要我們感化自己、感動他人、感謝順逆緣、感恩奉獻，學習觀世音菩薩的慈悲心，發廣大願心，如此就能夠經得起苦難，不但不以苦難為苦難，同時又能夠在苦難之中救濟苦難，這就是自利利他、自助助人的菩薩精神。

（一九九八年三月十四日講於臺北市國父紀念館「我為你祝福——新世紀共修共願祈福法會」，原收錄於《我為你祝福》小冊子）

從〈大悲咒〉談如何祈福有福

一、現代社會的三點危機

現代社會由於迅速轉型而隱藏了種種危機，總括來說有以下三點：

（一）競爭激烈，缺乏安全感

工商業社會，人與人之間缺少守望相助的精神，卻有你爭我奪的敵對意識，因此人際間普遍存在著極度不安全感，所謂「商場如戰場，同行是冤家」，競爭似乎是免不了的，然而社會之所以進步，文明能不斷地創新，多半是因為人和天爭、人和人競爭的結果，所以商場上講求競爭，似乎也不是壞事，只不過如果拿捏得不恰當，就會變成自相殘殺。

（二）功利主義，人際疏離

現代社會是一個功利主義的社會。所謂功利主義，就是人們所做的一切都以得到利益、成功為目標。為了獲得利益、為了追求成功不擇手段，因而使得人與人之間彼此相互猜疑、衝突，缺少唇齒相依的一體感。由於猜疑而產生矛盾，由於矛盾而產生衝突，由於衝突而產生疏離感，甚至反目成仇、兄弟鬩牆。

（三）自私心重，道德淪喪

現代社會也是物質昌明的社會，大家為了追求物質的擁有，彼此你爭我奪、自私自利，想盡辦法排擠他人，人與人之間的關係愈來愈緊繃、愈來愈冷漠，缺少人溺己溺的道德觀，同情心、同理心蕩然無存。

二、先從觀念上改善

針對這三種趨勢，如果不徹底從觀念上著手開始改善，社會問題將層出不窮，永無寧日。近年來，世界各地天災人禍連連不斷，凡有識之士都非常關心，亟思解決改善之道。站在一個宗教徒的立場，所能做的除了信仰上的祈願，還應該幫助人們在觀念上做適當的調整。

以佛教來說，誦經禮拜、舉辦法會，當然是有用的，連僅僅一句「我為你祝福」，都能夠產生祝福的功能，何況舉行隆重的儀式來祈福。但如果心態不正確，錯誤的觀念不轉變，僅僅只是參加祈福的法會，當下覺得有佛菩薩的護佑，有一點安全感和安慰感，一時間內會覺得內心平靜，但這種感覺恐怕不能維持太久。

最究竟的方法還是要從觀念的修正做起，調整偏差的想法，改善錯誤的行為，努力為自己、為他人修福修慧，如此從內心發揮出祝福的誠意，我們的社會、家庭才會得到真正的平安。

三、〈大悲咒〉的大悲法門

觀世音菩薩的法門就是觀世音菩薩自己修行、得道的方法。〈大悲咒〉匯集了觀世音菩薩無量劫以來所有一切修持的功德，所以持誦〈大悲咒〉就等於獲得了觀世音菩薩無量劫以來所修一切功德力的加持，這力量非常大。

不過，觀世音菩薩在《大悲心陀羅尼經》中告訴我們，誦持〈大悲咒〉應該先要對眾生起慈悲心。因此要得到觀世音菩薩的救濟，除了仰仗觀世音菩薩的慈悲願力，給我們平安、給我們力量，更要學觀世音菩薩，先發起無上慈悲心，「無緣大慈，同體大悲」，希望所有眾生都能離苦得樂；為了利益眾生，而成就所有一切功德，這就是大悲觀世音菩薩的修行法門。

「無緣」是指沒有一定的對象，因為沒有特定的對象，所以觀世音菩薩的慈悲救濟永遠在、處處在；沒有特定要度的眾生，卻時時都在度眾生，平等不分親疏。

「同體」是指所有的眾生都是生命共同體，人與人之間並不是互不相干、毫無關係的；中國儒家「老吾老以及人之老，幼吾幼以及人之幼」以及「人飢己飢，人溺己溺」的思想，就是同體的大悲心。

一人持誦〈大悲咒〉的功德很大，共修持誦〈大悲咒〉的功德更大，因為人與人之間是聲息相通的，所以共修時能夠得到所有修行者的功德累積。修行的功德既然是共享的，做壞事的結果自然也要共同分擔。所以不要認為只要壞人都下地獄，社會就不會這麼亂了；反而應該反省到這些人之所以如此，是因為我們沒有盡到責任，沒有把正確的觀念，推廣到每一個家庭、每一個人的心裡。

四、四種祈福方法

為了善盡生命共同體一分子的責任，我們應更進一步將祈福的觀念和行為具體落實在生活中；祈福的方法有四種：

（一）知福——知足常樂．安貧樂道

知道自己有福報是很重要的。人活在世上最起碼都還有一口呼吸，有呼吸

就等於擁有一切希望，人生充滿一切的可能，因此呼吸是很可貴的。常言道：「留得青山在，不怕沒柴燒。」若能知福則更應該說：「我還有呼吸，當然滿足了。」

但是有很多人不懂得珍惜自己的生命，不知道這就是我們的福報。尤其現今的臺灣社會豐衣足食，很多人是人在福中不知福，看到別人有的，也不管對方是如何努力獲得的，就希望自己也擁有，甚至為達目的不擇手段，自害害人。如果我們能夠知福，就能知足，知足就能常樂。不過知足並不等於什麼都不要，而是「多也好，少也好，好到皆大歡喜」，這才是真正的知足。

曾經有一個人跟我說，他是世界上最窮的人，因為他是「無殼蝸牛」，他忿忿不平地說：「這個社會很不公平，我努力了一輩子，到頭來連一間屬於自己的房子都沒有。」我則告訴他：「有房子也是一種負擔、累贅。」有房子的人，就要照顧房子，每天為房子花很多心思，尤其那些擁有很多房子的人，一下子這間房子要整修，一下子那幢房子要裝潢，每天為了房子忙來忙去，如果住不了那麼多房子，還得想辦法租給別人住；我勸他：「沒有房子，反倒可以快快樂樂的，想到哪就到哪，所以沒有殼的蝸牛，也是不錯的。」

以出家人來說，「出家無家，處處為家」，沒有自己的家，所以處處都是家，何其輕鬆，何其自在。

（二）惜福——珍惜擁有．感恩圖報

我們除了擁有呼吸外，還擁有很多東西，包括生命、財物等，而且人與人之間的人際關係、人緣，也是我們所擁有的。

有的人雖然事業並不飛黃騰達，也沒什麼錢財，但是他的人品高尚，待人和善，他也算是一個富有的人；因為人格的財產比有形物質的財產，更有用更珍貴。

惜福，就是要珍惜我們所擁有的，包括自然資源、社會資源等一切資源。珍惜而不浪費、不糟蹋，尤其不要糟蹋身體，不要傷害名譽、品格，甚至理念、理想，進一步還要飲水思源、感恩圖報，這就是惜福。

法鼓山所推動的惜福運動，就是請大家把不再需要用但還可以用的東西拿出來與別人分享，不要讓它們變成垃圾；同時還勸導大眾過簡樸節約的生活，少買一些不需要的東西。很多人都是因為精神空虛、心裡寂寞，所以不斷買東西，這是很愚蠢的；不充實內在心靈，房子裡堆滿了買來而無用的東西，頭腦裡卻空洞得缺乏思想，精神沒有得到提昇，內心一樣是寂寞、空虛的。

（三）種福——成長自己．廣種福田

釋迦牟尼佛告訴我們，人來到這個世界上，就是要來種福田的，每個人都有自己的福田可種，例如自己的家人、朋友，社會上貧苦無依需要幫助的人，以及社會、國家的利益和一切眾生的幸福，都是我們的福田。有的人非常吝嗇，空有知識、學問，卻不肯傳授給人，捨不得與人分享；自己的財產，不願意拿來利益社會、回饋社會，這種自私的人是最貧窮的人，就算他富甲天下，也是窮光蛋一個，因為他不懂得種福田。這就好像一個人擁有許多種子，但是他不懂得耕種，將種子種在沙漠裡，不但不會發芽，反而讓原本可以吃的種子變成了廢物。

知道要隨時隨地種福的人，是有福的人；為了要種福，必須要努力成長自己，在知識、人格、智慧以及技能各方面都要增長，才能有更多的資源來種福田。

（四）培福——享福非福，培福有福

大多數人都喜歡享福，所以人老了，就要享老福；兒女孝順，就享兒女福；太太賢慧，享太太福；丈夫可靠，享先生的福。一般人的觀念總認為有福不享的人是傻瓜，但是每個人的福報都是有限的，所以享福的人不是真正有福的人，廣種福田、歡喜培福的人，才是真正有福報的人。

培福就如同把今生得到的福報，種到田裡邊，它就可以培養出更多、更多的福來。若能把全世界、全宇宙，所有十方一切眾生，都當成是培福的對象，不斷地培福，那就是有大福報的人，最後就會和佛一樣福德圓滿。

五、以大眾為造福的良田

如能實踐「四福」：知福、惜福、種福、培福，並且為別人祝福，就是有大福報的人。法鼓山目前正在努力提昇人品，把淨土建設在人間，做的就是造福的工作。但願大家永遠都是有福的人。

（一九九八年三月十五日講於臺北市國父紀念館「我為你祝福——新世紀共修

共願祈福法會」，原收錄於《我為你祝福》小冊子）

發願與發誓

佛教徒常常「發願」，一般人則常常「發誓」，那麼發願與發誓的意思到底相不相同？

「誓」和「願」都是一種希望、一種承諾，譬如說青年男女互訂終身，男孩說非她不娶，女孩說非君不嫁，這是山盟海誓，可以說發誓，也可以說許願。有時，誓、願兩字也會連在一起用，稱為「誓願」，像是在中國隋朝時，天台宗的慧思禪師曾寫過一篇《發誓願文》，也有人稱《立誓願文》，內容就是在說明他要如何修行，如何使自己的身心清淨，並且發願盡形壽推廣佛法。

發願都是發好願，但「發誓」不一定都是發好的誓言，譬如有的人發誓說，某某人那麼壞，這一生如果不把他殺了，我誓不為人；或是，如果這一生殺不了他，那我下一生即使做鬼，也不放過他。還有人發誓要自殺，抱著必死的決心，即使被救起來，還是會再自殺。這些發的都是毒誓、惡誓。另外，有的人為了要完成理想，也不管這個目標多麼困難，或根本沒有達成的希望，就發誓說，我不成功便成仁，如果做不到，那我也不用活了。雖然他的目的是好的，但他發誓的內容卻過於偏激，這也是一種惡誓。

因此，惡誓、毒誓就和發願不同了，不論是發願還是許願，所想的一定都是好願，所以，誓和願還是有不一樣的地方。

不過，許願對一般人來說，不外是希望發財、陞官、考試及格，或者是希望完成某一個私人的心願。這些雖然也是願，但都是小願，是自私自利的願。

真正的修行人、真正的佛教徒，是「不為自己求安樂，但願眾生得離苦」，就像地藏菩薩的發願「地獄不空，誓不成佛」，還有藥師佛的十二願、阿彌陀佛的四十八願、普賢菩薩的十大願，這些都是為眾生、為他人、為無盡期的未來，所許下的一個大願。

凡是大乘的佛教徒，因為希望能學習佛菩薩精神，所以都會發〈四弘誓願〉，即「眾生無邊誓願度，煩惱無盡誓願斷，法門無量誓願學，佛道無上誓願成」。〈四弘誓願〉是學佛基本的願，是以度眾生為目的，因為要度眾生就要先斷自己的煩惱，所以想要度眾生、斷煩惱，就要修學佛法；度眾生是慈悲，斷煩惱是智慧，慈悲和智慧究竟完成的時候，就是成佛。成佛的願是廣大的，與個人為了成就自己而許下的願，完全不同。

誓與願有相通的地方，也有不一樣的地方；發誓有好的，也有不好的，而發願一定是好的。我們一般人發的誓多是毒誓、惡誓，發的願則多是自私的小願。如果僅僅是發小願、自私自利的願，你得到的利益不僅是暫時的，而且是非常微小的。我希望諸位能夠發菩薩的願、發成佛的願、發度眾生的誓、發利益他人的誓，為了成就他人，一定要先成長自己，最後獲得最多利益的一定是你自己。

（選自《祈願．發願．還願》，整理自《大法鼓》節目）

為什麼要發願？

我們每一個人來到世間，都是為了完成兩大任務：一是為了償債與收帳而受苦受樂；二是為了還願與發願而盡心盡力。

我們在過去的無量世中，造作了很多惡業及少許善業，所以今生受報，雖然有樂有苦，通常是苦多樂少。我們在過去的無量世中，許過不少的善願，所以今生有許多機會讓我們還願。然而不論如何艱難困擾，還願是慈悲和智慧的實踐，也是自動自發、樂在其中的修行。

還願與受報都要面臨苦難，但還願時的受苦受難，是慈悲喜捨的菩薩心行，不同於受報時的有苦有難，是愁怨恐懼的煩惱障礙。

受報是被動的、等待的，所以有許多期待與憂懼。而愁怨恐懼是來自於人不斷貪求的習性，總覺得一定有一個比現在更好的東西，如果得不到就煩惱不已；可是一旦得到時，卻又恐懼失去，或者再度落入追求的輪迴中。而發願是一種把握當下、不計得失地奉獻付出，是一種直下承擔，所以你的心不會總是在衡量自我利益中猶疑掙扎、上下起伏，而是甘願地、平穩地歡喜承擔。

因此，發願不但可以說是一種生活的態度，更可以說是生命的方向。很多人以為生命的方向是要朝向賺錢、當大官或多讀幾個博士才有價值，其實讓自己的身心能夠安定健康，讓社會大眾能夠平安幸福，才是人生的大方向。

我們在受報及還願的今生中，如果能少造惡業、多發悲願，便是福智雙行、自利利人，如此既能提昇自我的人品，也能淨化人間的社會。這便是我們為什麼要發願的最主要原因。

我們所處的這個時代環境，如果以物質生活的條件而言，比起二十世紀的前期，已經富足了數倍，可是我們大家並沒有得到更多的平安和幸福，甚至也找不到生命的安全感及生活的安定力。這是因為人心浮動不安，社會價值觀混淆不清，大家盲目地追求財富、成功、名望、權勢，甚至追求放縱的快樂，以致自己和環境發生矛盾衝突，內心也失去了平衡。許多人都主張和平，卻在高喊和平口號的同時，暗地裡製造衝突及戰爭。因此，我們處在這充滿矛盾的時代，更應該要透過發願來安定自己與世界。

以我個人來說，因少小失學，深知教育的重要，所以曾說：「今天不辦教育，佛教就沒有明天。」因此，我興辦了像佛研所這樣的佛教高等教育單位。而現在我更要說：「不辦以心靈環保為重點的教育，不用等到明天，世間的大災難已在接連著出現了！」所以，我繼而發願興辦法鼓大學。然而興辦一所大學所需的資源很多，難免會遇到許多現實的阻礙，但因為我有願心，所以能夠一一跨越，並尋求因緣來助成。

因此，希望大家不但自己要發願，也要勸勉他人發願，不論是一人滿一願，還是多人滿一願，願願都是為給自己一個難得的機會，願願都是為後代子孫留下一個大好的希望，願願都是為我們的未來播種無量的福田，願願都是圓滿救人救世的無盡大願。

（選自《祈願・發願・還願》，整理自《大法鼓》節目）

佛教徒如何發願？

每個人的一生都應該要發清淨的願、遠大的願，而不要發愚蠢的願、不切實際的願，佛教徒當然也不例外，但佛教徒更應該要發願以佛法來成就他人、成就自己。

以我個人來說，我十五、六歲時，就知道佛法相當好，可惜知道的人很少、誤解的人太多。其實佛法是非常有用的，可是因為很多人都將它解釋成一種玄理或者迷信，反而失去了佛法原有的價值。如果將佛教誤解為迷信，淪為一般的民間信仰，就抹滅了佛法與世法不共的智慧；若成為玄理，淪為高談闊論，那又完全脫離實際生活，對我們的心理、生理健康毫無幫助。

因此，我發了一個願：我能夠懂多少佛法，就告訴他人多少；用我的口、用我的筆，用一般人都能理解的方式，將佛法的好告訴大家。我並不奢望我說出來或寫出來以後，所有的人都覺得很有道理、都能認同，因為願意接受我的人有多少，是我沒有辦法控制的事。

我不會想，要把全中國的人都變成佛教徒，把全世界幾分之幾的人變成佛教徒；或是幾年以後，我要完成多少大願、收多少高徒。如果那樣想，是狂想、是做夢，因為這些因緣都不是自己能夠掌控的。

所以，一個人願意聽也好，兩、三個人，五、六個人願意聽，我也歡喜；人多也好，人少也好；一切看因緣，也就是隨緣。但隨緣並不是被動地等待因緣，反而是主動地促成因緣，只是不去擔心和煩惱因緣可以促成多少。

對在家居士來說，每一個人都有家庭、有父母、有親戚朋友，還有一起工作的同伴，其實我們不需要影響太多人，從身邊的人影響起即可。我們可以發願：我願所有和我一起生活的人，都可以過得很幸福愉快；我願用盡一切方式讓他們身心健康、沒有煩惱；我願盡自己最大的力量來為他們奉獻。我想這些願，每個人應該都可以做得到。

不要以為這個願好像只在自己的周圍繞圈圈，就覺得這些願不大。這個願雖然小，卻是大願的基礎。照顧好自己的小家庭，是菩薩行的基礎；如果能再擴大一些，以一切眾生的煩惱為家，擔負起「如來家業」，那就是更深廣的菩薩行願了。

所以，我們不能以實質的東西或數量來衡量願的大小，例如別人布施一百萬，那我就要發願布施一千萬。同樣地，在發願時，也不要陷入數字、數量的框框中，否則框框過大，那會變成一個遙不可及的夢，流於狂想、空想；框框過小，則又局限了各種可能性，又流於個人的小願。

人不要被框框局限，但要有大方向，從人道、天道、解脫道、菩薩道到佛道，層層超越。從近而遠、從小而大、從微而著，有次第、有彈性地不斷進步，這才是佛教徒標準的發願方法和心態。

做為一個佛教徒，狂想不能有，但宏願不能沒有。或許自己人微言輕，沒辦法登高一呼使得萬山相應，但還是要有為社會奉獻、希望影響整體社會的大願心。

（選自《祈願．發願．還願》，整理自《大法鼓》節目）

如何發大願？

人在年輕的時候，總是滿懷理想壯志，期許自己的人生要有大格局、大視野，還要發大願，實踐人生的價值。但是到了中年、到了老年，卻發現自己一個願望也沒有達成。究竟人的一生該如何發願才能落實，而怎樣的願才是大願呢？

年輕人因為不知道天高地厚，對自己的能力也不清楚，既想要做這樣、也想要做那樣，總認為自己的未來是無限的。因此以為別人能夠做的，自己也一定能夠做得到；別人不能做的，自己可以挑戰出一番大事業來。所以，志向非常遠大，對自我的期許也非常高。然而，對自己沒有深切了解而設想的未來，其實是非常不切實際的，就像是一場遙遠的夢。

所謂人要有大志、有大願，不是說一定要完成一樁什麼大事業，或者什麼具體的大目標。因為要達成這些目標，還需要許多因緣配合，是可遇不可求的，如果執意以此為目標，無異是緣木求魚。例如有人發願這一生一定要做大老闆，雖然自己很有才能，但如果缺乏資金、時機等因緣條件配合，事業也不一定能成功。「願」應當是一個人生的大方向，希望自己這一生能朝正面的路走，不要走向負面。正面是什麼？就是願這一生能以慈悲對待別人，不要自私自利；願這一生能以智慧對待自己，不要常常起煩惱；願這一生能踏踏實實地走，不要三心兩意或是好高鶩遠。

在這個方向之下，對外，我們不會做出對社會、家人無益的事；對內，不會做出損壞自己健康、傷害自己心靈的事，也不會自討苦吃、自投羅網、自我作繭。凡事想得開、看得透，把握機會，積極努力；沒有機會就要製造機會，並提昇自己的才能、見識、技術，盡量地學習。

人的一生，從出生到死亡就是一個學習的過程，遇到的每一次經驗都是學習的機會，即使失敗也是一樣。所以，不要把失敗當成是一種抬不起頭來的丟臉事情。如果自己已經看準了，已經有了計畫、有了認識，結果還是跌倒，那就表示自己先前並沒有確實認清這條路；但如果是走路不小心，或是山上突然掉下一塊石頭打到你，那是意外，非人力所能控制。失敗的原因很多，不要因為暫時的失敗就以為此路不通，小心一點，或是稍微修正一下，還是可以達成的，而且走一步就實現一步。重點是不要往黑暗面走，不要取巧、不要讓他人受損失。取巧而讓別人受損失，就像拿石頭砸自己的腳，最後遭殃的一定是自己。

所謂的發大願，不是要做大人物、做大事或賺大錢，而是要為他人多設想。為社會、為國家、為全體眾生，自己受一點損失沒有關係；受損失的同時，其實是一種成就、一種奉獻，是值得的。但也不要做無謂的犧牲，或沒有意義的冒險，這是非常愚蠢的事。

（選自《祈願・發願・還願》，整理自《大法鼓》節目）

不要發空願

我們常常聽人許願說：「我希望、我想要、我願意……。」然而卻忘了「願」是一種對生命的承諾，最重要的是要實踐它。然而「說」總是比「做」容易，因此常常有人說了一大堆，卻完成不了多少，這就叫作「發空願」。

雖然說有發願總比沒發願好，但若發了願，卻沒有辦法實踐，還是要捫心自問，是不是自欺欺人？如果明知做不到，或根本不想做，卻還要發願，那就是欺騙。但如果是目標很遠、很難做到，但自己還是想做，也願意一步一步地往前走，那就沒有關係。

例如佛教教大家發學做菩薩的願、發成佛的願，但成佛、做菩薩的願非常廣大，不能立竿見影，必須將累世所做的一點一滴的好事，所求的一點一滴的善法，所做的一點一滴的布施，通通匯歸到成佛這條路上，所以要在此生成佛是不太可能的。雖然如此，大家還是要發成佛的願，因為如果發了願，就算是種了善根，就好像一顆種子，遲早會發芽，因為已經有一點引子在那裡了。而且因為你曾經發了願，也願意有一天能夠做到，你就會慢慢地實踐它，總有一天會實現的。

但如果你心中認為，我根本沒有想要成佛，也沒有想要做菩薩，成佛、做菩薩跟我一點關係也沒有，連發這個願的心都沒有，那麼你根本就不會產生任何力量，激勵自己往成佛之路邁進，所以也永遠都不會有成佛的機會了。

另外，有的人擔心如果做不到所發的願，會犯了欺騙罪或妄語罪，所以乾脆不要發願。其實這要看情況，也就是要看你發願的目的是什麼？例如你允諾他人說：「我發願要做菩薩，我發願要賺錢來布施大眾、護持佛法，所以你先幫忙我，提供我資源，等我成功以後，一定會報答你的。」如果你這樣說的目的是為了取得別人的信任，以得到別人的財富，那就是犯了欺騙罪和妄語罪；相反地，如果你心中並沒有欺騙的意念，但說了卻沒能力做到，那就沒有關係。

例如你發願想學插花，因為學會後，不僅自己可以欣賞，也可以美化環境，帶給別人好心情，真是一舉數得。可是到最後都沒有去學，但因為沒有傷害到人或是讓人受到損失，所以沒關係。

發願除了不能心存欺騙外，也要避免發不切實際的願，做不合常理、根本不可能實現的事。像是發願要把一堆沙子煮成熟飯，沙子要如何煮成飯呢？這就是不可能的事。

記得有一位居士，他每次見到我，都說等他將來有了錢，一定要供養我、護持我的弘法事業，然而一次一次都沒有辦法實踐。我相信他的初發心絕對沒有問題，但如果經過那麼多次，還是沒有辦法實現，那就要考慮自己的能力來修正這個願，而且願的大小也不在實質數量的多寡，能有這個心才是可貴的。

所以，最重要的是發願的動機，不要擔心做不到，因為有願才會有前進的力量；但若發的是不切實際的願，或是心存欺騙，那就是不該有的行為了。

（選自《祈願・發願・還願》，整理自《大法鼓》節目）

如何還願？

現代人的物質生活雖然非常富裕，但是有很多人卻覺得活得很痛苦、很無奈、很茫然，常常會疑惑：「既然活著那麼痛苦，我為什麼還要來到這世上？來到這世上的目的究竟是什麼？」會有這些疑惑，是因為不了解人生目的與人生意義的關係。

人生的目的是許願和還願，人生的意義是盡責和負責。許願是我們過去許的願，這輩子還要再來許願；還願則是過去許的願，還未實踐的、還未兌現的，我們這一生來還願。

一般人從小就有許多夢想、許多心願，但夢想歸夢想，長大以後是否能夠實現，那是另外一回事了。記得我小時候，因為家裡很窮，我媽媽常常為了沒有足夠的錢給我們買衣服穿、買東西吃，覺得很對不起我們。當時，我就許了一個願，我說：「媽，沒有關係，我們現在窮一點，等我長大以後，我一定要賺很多很多的錢，專門給媽媽用。」可是一直到現在為止，我始終沒有實現這個願望。

那麼我要如何彌補這樣一個遺憾呢？只有以奉獻一切給眾生來報答父母的恩惠。如果我們許的願無法在當時實現，甚至到最後都沒有辦法如願，那就幫助其他的人、做對社會有益的事，以此表示對父母的紀念或懷念，這就叫作還願。還願不是為佛裝金身，或捐多少香油錢，而是要實踐所許的願，如果已經無法對那個對象還願，那麼你就用另外一種方式來彌補自己沒有實現的願。

其實許願、還願並不是佛教徒的專利，只要是人，對未來都會有一種期許和希望，常常會想：「如果我可以……，我一定……；如果我能……，我願……。」這就是一種許願。所以，人只要希望有前途、只要認為前面有路可走，一定會有自己的志願和期待。而如果你的願心不僅僅是為自己，也為他人謀福，那會更好、更有價值。

既然你許了願就應該實現，所以許願的目的，就是要你為了還願不斷地努力；努力以後，還要不斷許願，然後在還願、許願之間，你的人品就會不斷提昇。

同樣地，在一生當中，我們扮演許多不同的角色。在家裡，你是個母親，也是一個太太；在公司裡，你可能既是下屬，也是上司；在學校裡，你可能既是老師，也是學生。每一個人同時都扮演了許多角色，而每一個角色都有它的責任，所以你有許多的責任。通常人只要一想到責任，就比較能自我約束，而不會做壞事。因此，西方人有一種觀念，他們認為，單身的人不如有家室的人可靠。這是因為有家室的人責任較大，責任感也就較重，當然這不能以一概全，但是身分的確能讓我們想起自己該負的責任。

負責任是一種健康的心態，是一種良好的觀念。一個不負責任的人，心理不會健康，也不會活得很愉快。如果能夠常常存著許願、還願、盡責、負責、感恩、奉獻的念頭，那麼你的人生一定活得非常有意義，而且非常有價值。

（選自《祈願．發願．還願》，整理自《大法鼓》節目）

附錄

神佛不分與民間信仰

問：我們常聽人說，臺灣的社會是佛道不分的社會。民間的信仰又是什麼？

一般仍分不清楚佛教、道教，請問師父，應該如何區分佛與道，兩者之間又有何差別呢？

答：神佛不分，多半是民間信仰。一般人信仰某某神的目的，在於求得幫助就好，石頭公、大樹公、土地公都可以，哪裡靈驗就往那裡去。到寺裡，見觀音菩薩稱觀音媽，見地藏菩薩稱地藏公，只要求得了財富、子息、平安，得了靈驗就拜，然後就祈願、蓋廟、裝金。不問是什麼原因，不會追究名稱的典故，怎麼會變成神，或自己信了以後，自己也能成為神等的問題。僅以臨時抱佛腳的心態，有了事，才來求神求佛，這種心態，稱為神佛不分。神和佛本來不一樣，但是對有這種心態的人而言，是完全一樣的，他可以將阿彌陀佛、觀世音菩薩都看成和土地公一樣，這就是民間信仰。

這種民間信仰對一般人言，不可謂毫無用處，也不能說那是假的，至少使他們心理上、精神上有寄託。

道教和佛教不同，道教是由民間信仰演變，自漢朝開始，以方術、符咒、法術達到治病或免難的目的，沒有教主，而用老子、莊子的哲學理論，演成道教的架構，並根據佛教的經典模式，漸漸演成有了屬於道教的經典，其中老子《道德經》、莊子《南華經》是屬於道家哲學，不屬於道教。他們以老子為教主，最高的是元始天尊，元始天尊是民間信仰想像出來的，老子是歷史人物，但老子不是道教的。

佛教，從印度來，佛出生在印度，釋迦世尊說了許多佛經，這些佛經譯成中文，告訴我們人要生天，應具備什麼條件，由天要成為羅漢應修持到什麼程度。所謂人和天，仍在輪迴中，只是福報大些；到了羅漢，得解脫，沒有生死輪迴的果報，羅漢之上是菩薩。這是佛教，以人身可以修持成佛的位階。可是道教沒有佛、菩薩、羅漢等。

佛教和道教最大不同是：道教重視身體的練就，如練丹、練氣、長生不老、羽化登仙。佛教是重視心，人死後不是身體生天，而是精神體的第八識，成為智慧者稱為涅槃。我有寫一本書《比較宗教學》，其中介紹道教、中國宗教及佛教等，可以看看。

問：從寺廟的外表，如何區別是屬於道教還是佛教？

答：佛教寺院，供的是釋迦牟尼佛、藥師佛、阿彌陀佛、觀世音菩薩、地藏菩薩等佛菩薩。道教廟裡供的是老子、呂洞賓、八仙或王爺、原始天尊。像臺北龍山寺，本身是佛教，但是為了民間需要，也供了道教諸神。指南宮，傳說是呂洞賓仙遊歇息處，是呂洞賓開創的，應該供呂祖，但是它的偏殿供觀世音菩薩。臺灣寺廟很混亂，如佛教寺院也供着呂洞賓、關公。一般人之神佛不分，大抵和寺院供奉的偶像有關係，使得民間信眾也弄不清楚。

（刊於《法鼓》雜誌三十八期）

在家居士能不能掛念珠？

問：我們常看到長老、法師們在胸前掛串一百零八顆的念珠，為什麼呢？在家居士可不可以這樣做？

答：這是中國的習俗，不是佛制。在中國，有品第朝珠以表徵官階，而中國的佛教，早期是屬於政府輔導，由士大夫護持，或者散居於山林野外，所以並沒有教會、教團的組織。但都市佛教歷朝都有僧官制度，僧侶的產生是透過政府的度牒制度，也可以說是以王法來指導佛法。

這種僧官制度一直維繫到一九二〇年代才停止，沿襲而下，由於僧官制度衍行的品第朝珠，便形成今日我們看到出家眾在胸前掛念珠的習俗。這是在中國存有的現象，南傳佛教國家沒有，西藏也不見有此；日本則有，代表的是大乘和尚的表徵。不過，這種現象將來可能也是會有所變革的。由此顯然可見，在家居士不宜於胸前掛念珠。

（一九九二年三月三日答於法鼓傳薪，刊於《人生》雜誌一〇五期）

如何福慧雙修？

問：如何福慧雙修而且雙得？

答：慈悲和智慧定是相連在一起，福慧本身也一定是並行的，不要將福慧分開來看。

許多的人將佛法視為陳義高深，這種說法是錯的，也是對的。事實上，佛法是人人聽得懂，人人可以做得到，也可以照著做的；其深奧所指，則是在於佛法所說的理論和一般所說不同，佛法講的智慧是「無我」、「空」，而社會一般人講「為我」、「有我」，因此較難理解，但如果知道「空」、知道「無我」的原因是「無常」，了解「無常」，即是智慧。

由「無我」、「空」、「無常」，依此理論而修福報，心態不會患得患失，也不會以投資求回報的心修福報，這是真的福報。但若僅修福而無智慧，便不是佛教徒；修福的人若無智慧，其所修則並不是真的福，而是煩惱；修福的人一定有智慧、沒有煩惱，才是真的福，所以福慧是同時並修的，故說悲智雙運，福慧雙修。

有人說：慈濟功德會僅是專門修福的。我認為不是如此，他們一定是福慧雙修才是真正的慈濟。也有人說：法鼓山是專門修慧的。我認為這絕對錯誤，如果僅是專門修慧，則不度眾生、不說法，也就不須敲法鼓給人聽，那又何謂「法鼓山」？敲法鼓給人聽，說法度眾生，這就是修福。所以，凡是佛法定是福慧並行。

（一九九二年二月二十八日答於羅東心靈環保講座，刊於《人生》雜誌一〇六期）

信仰的價值

二〇〇五年十二月四日，聖嚴法師在法鼓山世界佛教教育園區接受《康健》雜誌專訪，暢談如何在生活中尋回心靈的安定，專訪內容刊登於該雜誌二〇〇六年一月號第八十六期，標題為「心可以打太極拳」。

問：您怎麼看安太歲、點光明燈這類民俗？在這個科學年代還有價值嗎？

聖嚴法師（以下簡稱「師」）：凡是宗教信仰和民俗的現象，而從科學的觀點來進行評斷，也就是以邏輯、分析、理論的立場來推論其合理性，或者是以物理的現象來檢視其是否存在，不一定是恰當的。二十世紀美國有一位傑出的心理學家威廉·詹姆斯（William James），他認為構成宗教生活骨幹的，並不是宗教教義，而是個人的宗教經驗。既然不是教義，也就不一定具有邏輯的理則，也不是自然科學可以探究分析的，而是一種非常主觀的個人經驗。

以安太歲、點光明燈來說，雖是一種宗教信仰的行為，也是一種民間的習俗，已在漢民族的社會裡流傳數千年，如果其中缺乏個人的經驗，也就不可能延續至今。儘管人類學家、心理學家或者社會學家他們不願意相信，然而對於這類宗教民俗的功能，還是承認存在的。因此，當威廉．詹姆斯親自體驗了種種的宗教生活之後，他並不否認宗教經驗的存在，而宗教信仰，確實有著民間的需要和信仰者的需求的。不過，我雖不持反對的態度，而我自己是不會去安太歲的。

至於點光明燈的起源，在佛教來講，那是釋迦牟尼佛住世的時候，佛在夜晚說法，需要有照明的設備，以讓聽眾或者弟子們能夠清楚看到佛在說法，也讓會場裡有一些照明的設施，於是鼓勵大家點燈。點燈的目的，是為了供佛、供法和便利大眾。到了後來，點光明燈的意義，則轉變為自己點一盞心燈，使得自己的心能夠清淨、明朗，有智慧。這是一種祈禱，而不是光明燈本身有什麼功能。

此外，通常在寺廟點光明燈，都需要費用，但是這個費用並不等於點一盞燈的錢，信眾也不需要執著每一盞燈的燈油一定要燃盡。因為點光明燈的另一個功能，是藉著點燈的心願，同時對寺院做了布施，讓寺院可依此經費來維持道場，來從事弘法利生的工作，因此也是一樁大功德。

問：臺灣人對未來疑惑時，常常尋求算命解答，您對算命風潮的看法？您又是如何看待命運？人可以改變命運嗎？

師：當一個人遇到挫折、困擾，而自己缺乏宗教信仰，或者以自己的智慧無法解決，也找不到人生的老師、有智慧的人來協助解決的時候，可能就會順應民間的風潮，跑去算命、問神、求籤、卜卦了，這些都是漢人社會特有的風俗，甚至於我在西方社會，也看過西方人去算命、看相，他們也相信的。

關於算命、命理的問題，我曾經寫了一篇文章，也幾次在不同的場合談起。其實，若要說算命是一種偶然的判斷，倒也不一定，比如說星相、八卦，都是人類幾千年來經驗的傳承，也確實為一些徬徨無奈的人們，帶來某種程度精神上的寄託。但是從佛教的角度來講，算命的推論，至多只能掌握過去已發生的事，對於未來不一定準確。因為因緣經常在變化之中，除了外在環境不斷地改變，個人的毅力和努力，也是一股改變的力量。因此就算是頂尖的算命先生，也許可以指出一個人未來的可能性，但不是絕對的。

我的建議，算命只能當作參考，不要迷信，如果樣樣事情都要算個命，反而會造成生活的困擾。自己的命運，要靠自己的毅力、努力來主宰，未來就掌握在自己的手中。

問：當大環境混沌不明的時候，個人如何安身立命，保持個人內心平靜？

師：所謂大環境，是指的我們的社會環境以及自然環境，個人的工作環境以及家庭環境，則是小環境。有許多人憂心臺灣當前的政治環境，以及臺灣在國際社會中所扮演的角色和處境，包括在國際之間我們的經濟環境、文化環境、社會環境、安全防衛環境，都是屬於大環境的範疇。

大環境不是我們自己能夠掌控的，有的是受到世界整體環境的影響，個人或者單一的地區，無法置身於世界潮流之外。而如何面對大環境裡的軍政環境、自然環境？既然身處這個時空，也只能接受了。但是可能改變嗎？臺灣是一個民主國家，可以透過選舉的方式來改變現況，選出多數人想要的生活方式。不過，投票的結果確實可解決一部分的問題，但是要一時之間讓整個大環境完全改變，是不大容易的，因為大趨勢使得臺灣環境如此，就是多數的人希望大環境轉變，還是要漸漸地改變。要在一夕之間更換整體的大環境，雖有可能，但可能性不大。

相對於混沌不明的大環境，個人內心的安穩、平靜，則顯得非常重要。我經常說：「心安才有平安。」如果內心不平安，無論外在的環境多麼舒適，仍會覺得痛苦。如果內心是平靜的，心不隨外境的影響波動，雖則身處惡劣的環境之中，還是非常的平安。我常抱持「逆向思考」及「正面解讀」的心態來面對各種現況，凡事往求生存、求生路的光明面努力，便可順勢而為，趁勢而起。

問：如何從人生的挫折困頓之中，找到支持自己的力量？

師：以我的例子來講，我這一生都是從挫折、困頓之中走過來的，不是環境給我挫折，就是我自己的身體狀況給了我挫折；不是環境給我困頓，就是我的身體狀況使我困頓。例如我到日本留學，過程非常的辛苦，而在完成學位回到臺灣之後，即便我已經擔任大學副教授，但是我的學位卻無法獲得教育部的承認，經過長期的折騰，最後教育部才給了我教師證。又比如法鼓山的建設，看起來似乎一帆風順，事實上波浪很多、挫折連連，而我就是學會了面對它、接受它、處理它、放下它。

我經常有這樣的信心，山不轉路轉，路不轉人轉！如果人也動彈不得，也還可以心轉啊！我初到美國的前幾年，一連串的挫折、困頓，真是讓我動彈不得，而我告訴自己，即使環境困厄，我的心是自由的！儘管處境就如同被五花大綁，全身已動彈不得，但我的心還可以打太極拳，日子一樣過得輕鬆自在。

問：新的一年到來，請教您個人的期許和心願。

師：許多人好奇問我，我個人的心願是什麼？我沒有個人的心願。如果說期許，則是對我們團體的期許，我希望法鼓山能更成長，對我們的社會能有更多的奉獻。目前來講，我們的社會需要淨化人心的工作層面非常的廣，而法鼓山做的很有限，在國內外皆是如此。因此，我期望參與法鼓山的人數和品質都能夠成長，對社會有更大的貢獻。

也但願全世界能夠遠離一切災難，但是完全的零災難是不可能的，只盼望災難少一些，或者是災難發生以後，全人類都可以抱著四海一家的大悲心和同理心，超越國界、種族和宗教之間的界線，大家齊心協力投入救災、賑災的工作，使得災害的程度減到最低。

（二〇〇五年十二月四日答《康健》雜誌採訪）

國家圖書館出版品預行編目資料

佛法的知見與修行 / 聖嚴法師著 . -- 初版 .
-- 臺北市 : 法鼓文化 , 2020. 02
面 ;　公分
ISBN 978-957-598-839-5 (平裝)

1. 佛教修持 2. 生活指導

225.87　　108022887

學佛入門 9

佛法的知見與修行

The Doctrine and Practice of Buddhism

著者　聖嚴法師
出版　法鼓文化
總審訂　釋果毅
總監　釋果賢
總編輯　陳重光
編輯　張翠娟、李書儀
封面設計　化外設計
內頁美編　小工
地址　臺北市北投區公館路一八六號五樓
電話　(02)2893-4646
傳真　(02)2896-0731
網址　http://www.ddc.com.tw
E-mail　market@ddc.com.tw
讀者服務專線　(02)2896-1600
初版一刷　二〇二〇年二月
初版四刷　二〇二四年三月
建議售價　新臺幣二五〇元
郵撥帳號　50013371
戶名　財團法人法鼓山文教基金會—法鼓文化
北美經銷處　紐約東初禪寺
Chan Meditation Center (New York, USA)
Tel: (718) 592-6593　E-mail: chancenter@gmail.com

法鼓文化